상위 1%의 커리어 비밀노트

거대한 기술의 흐름을 비즈니스로 풀어내는 단 하나의 방법

특허 빅데이터

송완감·최덕형·윤정호 지음

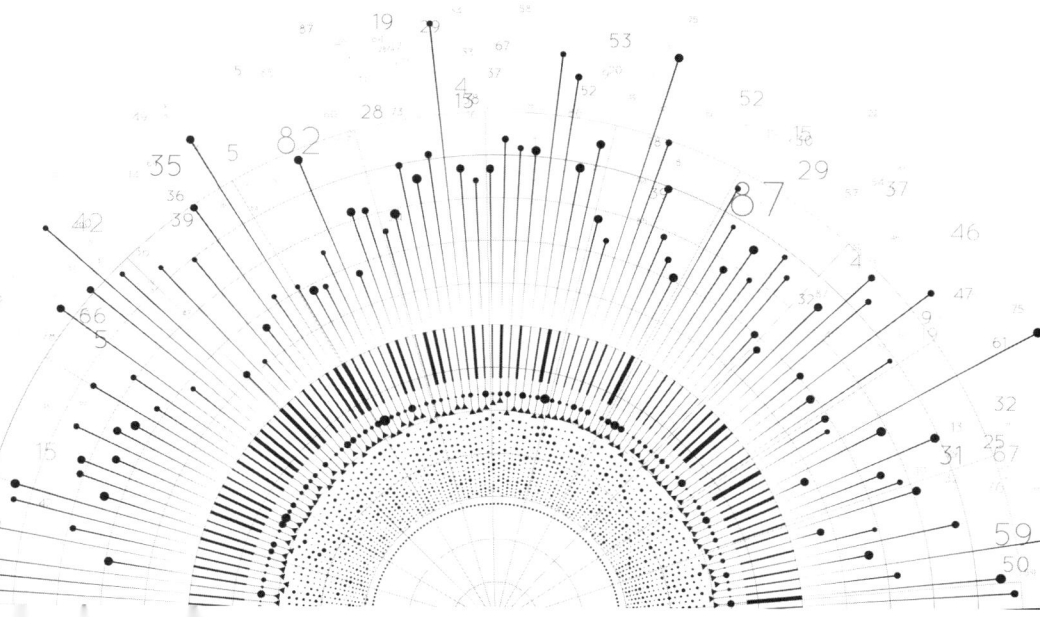

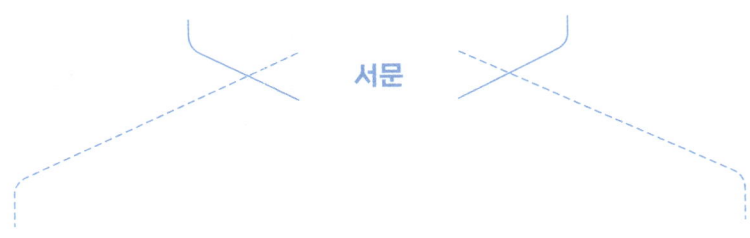

나만의 무기가 필요하다

    이 책을 읽는 누구도, 거대한 기계 속 하나의 부품이 되고 싶어 태어나지 않았을 것이다. 하지만 우리는 대부분의 사람들과 동일한 교육과정을 지나고 '사회화'를 거치면서 사회의 일원으로 성장했다. 이를 통해 나도 모르는 사이에 사회라는 거대한 기계 속에서 사회가 필요로 하는 하나의 부품, "평범한 사람"이 되었다.

    하지만 사회라는 거대한 기계 속 하나의 부품이라 할지라도, 꼭 필요한 부품, 매우 중요한 부품이 되는 방법은 있다. 바로 "나만의 무기"를 통한 "린치핀"이 되는 것이다. "린치핀"은 수레 등의 바퀴가 빠지지 않도록 축에 꽂는 핀으로, 조직·계획 등의 분야에서 핵심 인물을 뜻한다. 즉, 다른 누군가로는 대체될 수 없는 사람을 린치핀이라고 하며, 우리는 이러한 린치핀들을 상위 1%의 전문가라고 말한다.

그렇다면, 사회에서 상위 1%의 전문가가 되기 위한 나만의 무기는 어떻게 가질 수 있을까?

"린치핀"의 저자인 세스 고딘은 이를 위한 가장 좋은 방법은 '사람들의 눈에 띄는 통찰력 있는 예술가, 선물을 주는 사람'이 되는 것이라고 말했다.

세스 고딘이 말하는 예술가는 우리가 알고 있는 통상적인 예술가를 말하는 것이 아니다. 어느 분야든 예술가의 경지에 도달한 것처럼 일을 하는 사람을 뜻한다. 정리하면, 결국 내가 속한 집단에서 예술가의 경지에 도달한 것처럼 일을 하되, 사람들이 공감할 수 있는 통찰력을 제시하고, 이러한 통찰력을 바탕으로 다른 사람들에게 선물을 줄 수 있는 무기를 갖춘다면, 우리는 이 사회에서 상위 1%의 전문가가 될 수 있다는 것이다. 이것은 매우 어려워 보이지만, 사실 크게 어려운 것은 아니다.

그렇다면 상위 1%의 전문가가 되기 위해서는 구체적으로 어떤 과정을 거쳐야 할까? 무엇보다 가장 먼저 해야 할 일은 '자신만의 무기를 찾아내는 것'이다. 그리고 찾아낸 자신만의 무기를 이용하여, 다른 사람에게 지속적으로 선물을 줄 수 있다면, 우리는 상위 1%의 전문가가 될 수 있다.

이 책은 당신이 사람들에게 계속해서 선물을 줄 수 있는 강력한 무기에 대해 다룰 것이다. 그리고 그 무기를 활용해 통찰력을 얻는 방법을 알려줄 것이다.

이 무기는 당신이 전 세계의 모든 기술에 대한 트렌드를 확인할 수 있게 할 것이고, 경쟁사의 동향을 파악하게 하며, 이를 통해 내가 속한 집단이 나아가야 할 길을 명확히 제시할 수 있는 통찰력의 근거를 만들어줄 것이다. 그 강력한 무기는 바로 '특허 빅데이터'이며 이 책에서는 특허 빅데이터를 활용하여 통찰력을 얻고 그것을 기반으로 사고하는 방법에 대해 다룰 것이다.

사실 특허 데이터는 과거부터 꾸준하게 활용되어 왔다. 하지만 특허 데이터의 양이 점점 증가함에 따라, 과거 특허 데이터를 활용하던 방식만으로는 거대한 특허 빅데이터를 통해 얻을 수 있는 통찰력에 한계가 생겼다.

사실 이러한 특허 데이터 분석은 단순히 데이터의 양이 많아진 것일 뿐, 새로운 통찰력을 얻을 수 있는 진정한 의미에서의 빅데이터 분석이 아니다.

　따라서 이 책에서는 특허 데이터에 과거 활용했던 분석법인 통계 중심의 분석법을 적용하는 것이 아니라, 다양한 빅데이터적 방법론들을 특허 빅데이터에 적합하게 적용하여 새로운 인사이트를 도출하는 방법에 대해 다룰 것이다. 그렇기 때문에 차분하게 이 책을 이해하며 따라온다면, 여러분들은 분명 남들과는 다르게, 그리고 남들보다 빠르게 특허 빅데이터 분석의 진정한 의미를 발견하고, 이를 무기삼아 상위 1%의 전문가로 거듭날 수 있을 것이다.

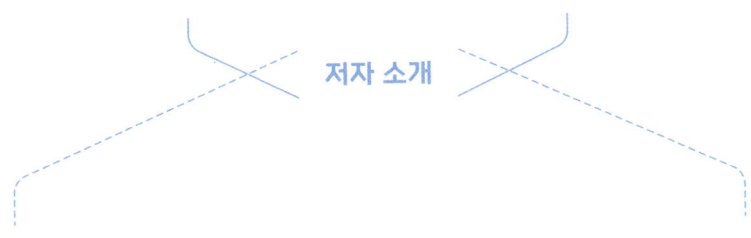

송완감

- ㈜워트인텔리전스 IP빅데이터분석팀 팀장
- "특허전문가 99%가 모르는 IP 빅데이터 분석 개척자들의 접근법" 강연
- 한국변리사 / 표준특허 전문가
- 국내 최초 특허분야 인공지능 학습데이터 구축 2년 연속 총괄

최덕형

- ㈜워트인텔리전스 IP빅데이터분석팀 선임연구원
- "IP 빅데이터가 숨기고 있는 진짜 시그널을 찾는 법" 강연
- "IP 빅데이터는 모든 답을 알고 있다!" 강연
- 2022 Tech Trend Report 저자
- 국민대 AI빅데이터 석사과정

윤정호

- ㈜워트인텔리전스 대표
- 한국변리사, 미국변호사, 미국 Patent Agent
- 대통령 소속 국가지식재산위원회 전문위원
- "비즈니스에 핏(fit)한 IP 빅데이터 분석을 연구한 이유" 강연
- 국내 최초 AI 특허검색엔진 keywert.com 서비스 상용화

추천사

윤정호 대표의 특허 데이터를 바라보는 색다른 접근과 그 접근이 정말로 가능하다는 것을 보여주는 워트인텔리전스의 여정은 언제나 현재진행형이다. 이 책은 매우 명쾌하고 논리적인 접근으로 특허 빅데이터의 활용법을 제시하고 있다. 이 책은 자신의 커리어 성장을 향해 도전하는 모든 청춘에게 치트키가 되어줄 것이다.

홍장원 대한변리사회 회장

기업 근무를 하며 비즈니스 방향을 설정하고 객관적인 의사결정을 내리기 위해서는 여러 종류의 데이터를 활용한다. 그중 특허 데이터는 기업들이 개발한 기술이나 제품 그리고 서비스 관련하여 많은 인력이 참여하고 커다란 비용이 투입되어 나온 결과물이다. 특히, 특허 데이터는 전 세계 누구나 쉽게 접근할 수 있으면서도 그 내용을 확인할 수 있을 뿐 아니라, 계속 공개되기에 분석 결과를 활용하기 매우 용이하다.

그럼에도 불구하고, 실제 비즈니스에 특허 데이터가 제대로 활용되고 있는지는 의문이었다. 특허 데이터를 제대로 이해하고 활용하기 위해서는 이를 데이터로 접근해서 분석해야 하지만, 현실은 업무 기간과 비용 등을 고려하여 분석자들이 인위적으로 데이터 양을 축소한 상황에서 특허 데이터가 가진 본질적인 정보가 아닌 일부의 서지 정보만을 대상으로 분석하고 있기 때문이다.

AI 기술과 빅데이터 기술이 일상적으로 사용되는 현 상황에서 "상위 1%의 커리어 비밀노트, 특허 빅데이터"는 특허 데이터를 비즈니스 관점에서 활용할 수 있는 가능성과 실제 활용 방안을 제시하고 있어 기대된다. 그리고, 특허 업계의 전반적인 패러다임이 특허 데이터를 미래 시장 트렌드 및 기술 예측을 위한 경영자들의 전략적인 의사결정의 필수 도구로 활용하는 것으로 전환되는 추세이기에, 본 책이 현시점에 상위 1%의 전문가로 거듭나기 위한 효과적인 가이드북이 될 것으로 믿어 의심치 않는다.

정진우 변리사(삼성전자)

공학의 산물인 특허와 경영학의 마케팅 전략이 빅데이터 분석을 통해 조화롭게 연결될 수 있음을 논리적인 접근법을 통해 풀어가는 것이 신선하고 인상적으로 다가오는 책이다. 수많은 논문과 연구 결과들을 접해본 입장에서, 특허 빅데이터를 마케팅에 접목한 것은 매우 드물다는 점은 물론이고 저자들의 논리가 심플하고, 누구나 쉽게 활용 가능하다는 점에서 책의 무궁무진한 실무 활용도가 크게 와닿았다. 특허 빅데이터 전문가들이 이 책에서 풀어낸 심플한 논리들을 마케팅 전문가들이 활용한다면, 한층 강력한 차별화된 마케팅 전략가로 거듭날 수 있으리라 믿는다.

KAIST 경영대학장 **윤여선** 교수

전 세계의 수많은 R&D 연구자들과 협업을 진행하면서 재능이 뛰어난 사람, 노력하는 사람, 그리고 이 둘을 다 갖추고 있는 사람들을 모두 만나봤다. 함께 연구를 계속하고 싶은 사람은 이런 능력과 자질을 갖춘 사람들과 더불어 남들과는 다른 무언가를 가지고 있는 사람이었다.

하지만, 남들과 다른 무언가를 가지고 있는 전 세계 연구자들이라 하더라도, 특허 빅데이터를 자신의 무기로 활용하는 사람은 찾아볼 수 없었다. 대부분 R&D의 시작 단계에서, 기초 연구 자료로 논문과 특허를 필수적으로 검토하지만, 그 누구도 특허를 빅데이터적 관점에서 접근해 활용하지는 못한다.

재미있게도, 이 책은 특허 빅데이터를 나만의 무기로 활용할 수 있도록 매우 쉽게 설명하고 있다. 연구자들이 특허 빅데이터를 이 책에서 설명하는 방법들로 활용한다면, 아마 놀라운 연구 결과들을 도출할 수 있을 것으로 생각된다. 그리고, 당신이 이 책을 통해 특허 빅데이터를 자신만의 무기로 만들어 낸다면, 나는 당신과 함께 일하고 싶어질 것이라고 단언할 수 있다.

로레알-유네스코 여성과학자상 수상자 **전이랑** 박사

지금까지 연구하며 많은 데이터를 접했다. 그중, 특허 데이터는 전 세계의 기술 트렌드와 변화를 나타내는 대표적인 데이터라 생각해 왔다. 이 책에서는 이러한 특허 빅데이터의 중요성을 강조하는 것뿐만 아니라 이를 활용한 비즈니스 인사이트 도출에 많은 시사점을 제공하고 있다. 특허 빅데이터 분석에 새로운 패러다임 전환을 일으키고 있는 전문가들의 오랜 고민과 분석 비법이 녹아있는 책, 자신의 커리어에 새로운 터닝포인트를 만들어내고 싶은 모든 사람에게 필독서로 추천하고 싶은 책이다.

국민대학교 경영대학원 **최병구** 원장(big-data, data science 전공)

목차

서문 · ii
저자 소개 · vi
추천사 · viii

1부 —— 비즈니스에서 특허 빅데이터의 중요성

1장 데이터 시대, 나의 위치는 어디인가? · 2

1. 본격적인 데이터 시대가 도래하다 · 2
2. 왜 데이터 시대인가? · 3
3. 데이터란 무엇인가? · 7
4. 특허 빅데이터로 지혜를 찾자 · 8
5. 데이터를 아는 사람과 모르는 사람의 차이 · 10
6. 좋은 데이터, 나쁜 데이터 · 12
7. 비즈니스에서 데이터를 활용하는 2가지 이유 · 14
8. 커리어 성장의 필수 요소는 데이터다 · 18

2장 비즈니스 성공의 기초가 되는 특허 빅데이터 · 21

    1. 특허 데이터는 빅데이터다 · 21

    2. 특허 빅데이터는 누구나 활용할 수 있다 · 24

    3. 특허 빅데이터를 활용하면 뭐가 좋은데? · 26

    4. 특허 빅데이터로 비즈니스의 키(key)를 찾다 · 28

3장 특허 데이터 설명서 · 33

    1. 특허 빅데이터에는 내가 알고 있는 모든 기술이 있다 · 33

    2. 특허 빅데이터는 많은 돈을 투입해 만들어진 데이터다 · 35

    3. 특허 데이터 활용을 위한 7가지 Point · 36

2부 — 특허 빅데이터 활용법 in 기술 트렌드 분석

1장 시장의 소리를 듣고 비즈니스 하라 · 46

2장 기술의 변화를 감지하라 · 53

3장 미래에 유망한 기술을 찾아라 · 59

    분석 사례 최근 10년간 특허 데이터 패턴 분석으로 본,
              미래 유망 기술 분야 예측 · 60

3부 —— 특허 빅데이터 활용법 in 기업 분석

1장   기술의 경쟁력을 비교하라 · 82

> 분석 사례   백색 가전 시대에서, 100색 가전 시대를 연 LG, 삼성, 그리고 히든 기업은 어디일까? · 83

2장   경쟁사와의 비교를 통해 차별성을 찾아라 · 94

> 분석 사례   네이버 vs. 카카오, 두 기업의 공통 핵심 기술은? 그리고 차별화 point는? · 95

3장   경쟁사를 집중적으로 들여다보아라 · 110

> 분석 사례   10년간 급격히 성장한 카카오의 신산업 분야는? · 112
>
> 분석 사례   Apple은 왜? 태그(tag) 시장에 진입하려는 것일까? · 127

4부 —— 특허 빅데이터 활용법 in 비즈니스

1장   내 기술이 필요한 곳을 찾아라 · 146

> 분석 사례   내 특허를 필요로 하는 기업을 찾는 방법 · 148

2장   내 제품을 구매할 기업을 찾아라 · 158

> 분석 사례   미래 사용자를 찾아내는 방법 · 159
>
> 분석 사례   마케팅 포인트를 찾아내는 방법 – 숙취해소제 · 161

3장   스토리가 있는 분석 프로세스를 구축하라 · 176

> 분석 사례   재활용 플라스틱 분야 특허 빅데이터 분석 · 177

5부 —— 2023년 신기술 기반 비즈니스 예측

1장 특허 빅데이터를 활용한 신기술 도출 방법 · 190

2장 Hot Tech 기반, 2023년 신기술 도출 · 193

3장 New Tech 기반, 2023년 신기술 도출 · 202

에필로그 · 216
참고 자료 · 220
감사의 말 · 222

1

비즈니스에서
특허 빅데이터의 중요성

1장 ___
데이터 시대, 나의 위치는 어디인가?

2장 ___
비즈니스 성공의 기초가 되는 특허 빅데이터

3장 ___
특허 데이터 설명서

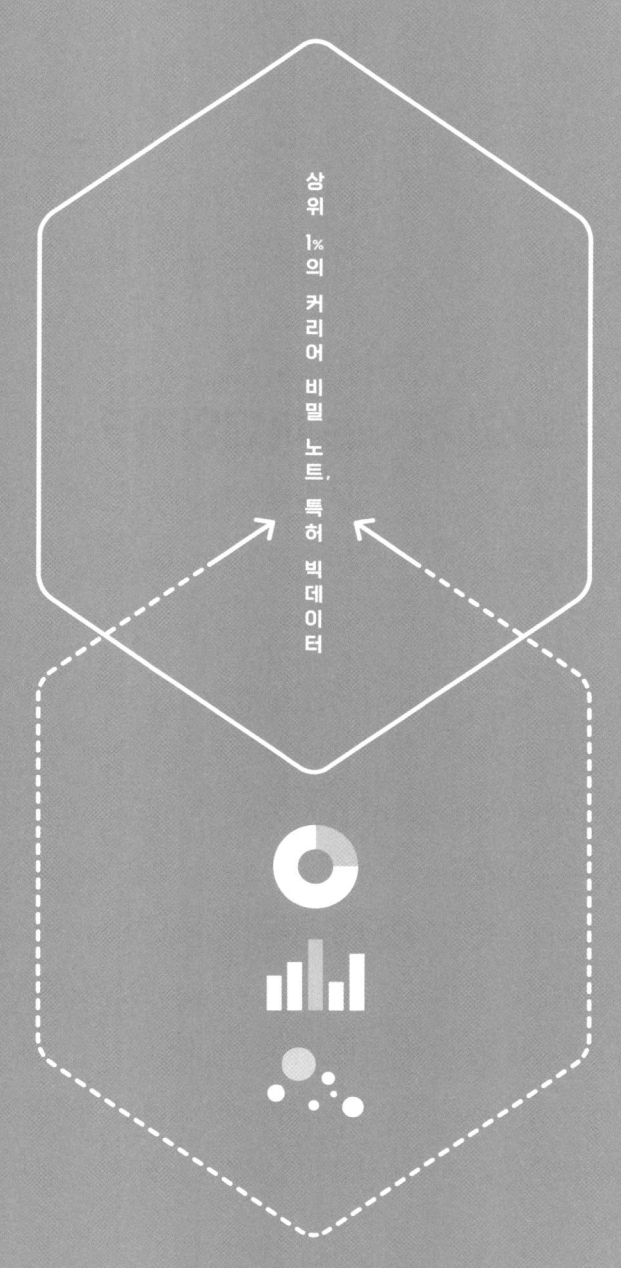

상위 1%의 커리어 비밀 노트, 특허 빅데이터

1장

데이터 시대, 나의 위치는 어디인가?

제1절 — 본격적인 데이터 시대가 도래하다

'빅데이터', 'AI'라는 용어는 요즘 분야를 가리지 않고, 모든 영역에서 언급되고 있는 핫한 키워드이다. 때문에 우리는 빅데이터, AI와 같은 용어가 더이상 낯설게 느껴지지 않는다. 오히려 최근에는 AI, 빅데이터라는 용어가 새롭다기보다는 당연하고, 혁신적이라기보다는 보편적인 것으로 여기고 있다.

그런데 과연 우리는 빅데이터와 AI에 대하여 정말 잘 알고 있을까? 그냥 많이 듣는 익숙한 단어이기 때문에 나도 모르게 잘 알고 있다고 착각하는 것은 아닐까? 지금부터 거대하고 빠른 속도로 성장이 이루어지고 있는 데이터 시대, 그 시대의 일원으로 살아가고 있는 나의 위치에 대해 정확히 알아보고, 누구나 활용할 수 있는 특허 빅데이터에 대해서도 명확하게 알아보자.

제2절 ― 왜 데이터 시대인가?

'1분'이라는 시간 동안 생성되는 데이터의 양은 얼마나 될까? 매년 다양한 종류의 데이터 생성 양(volume)을 공개하는 DOMO사의 2022년 데이터에 대한 통계를 보면, 전 세계적으로 1분마다 구글 검색은 약 590만 회, 인스타그램은 약 6.6만 개의 사진, 이메일은 약 2.3억 개 그리고 ZOOM은 약 10만 시간의 데이터를 생성해 내고 있다. 정말 어마어마한 양의 데이터가 끊임없이, 쉬지 않고 쏟아지고 있다.

[그림 1] "DATA NEVER SLEEPS 10.0, 2022", DOMO

10년 전과 현재의 동일한 서비스 데이터 생성량을 비교해 보면, 그 증가량을 더욱 직접적으로 느낄 수 있다. 구글 검색량은 약 3배, 유튜브에 업로드되는 영상의 시간은 약 10배, 마지막으로 인스타그램에 업로드되는 사진은 약 18배가량 크게 증가했다.

자, 그렇다면 전 세계의 기술 흐름을 온전히 확인할 수 있는 특허 빅데이터는 어떨까?

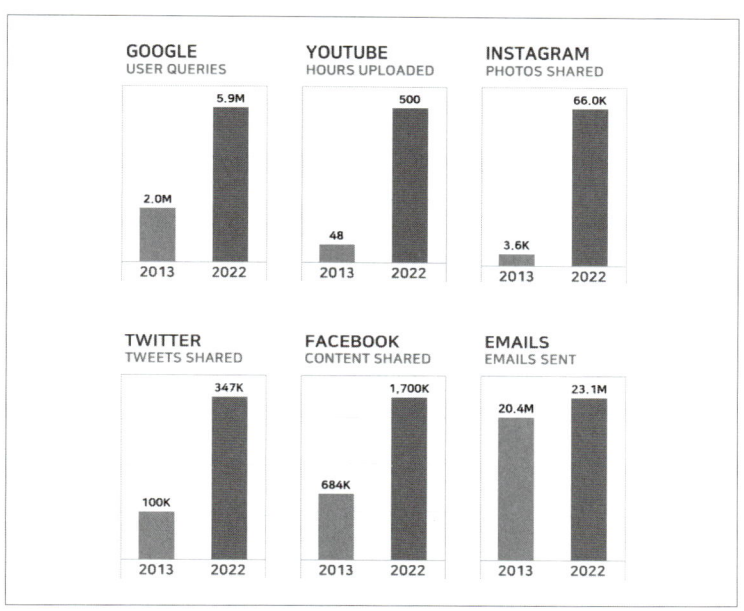

[그림 2] 2013년과 2022년의 데이터량 비교

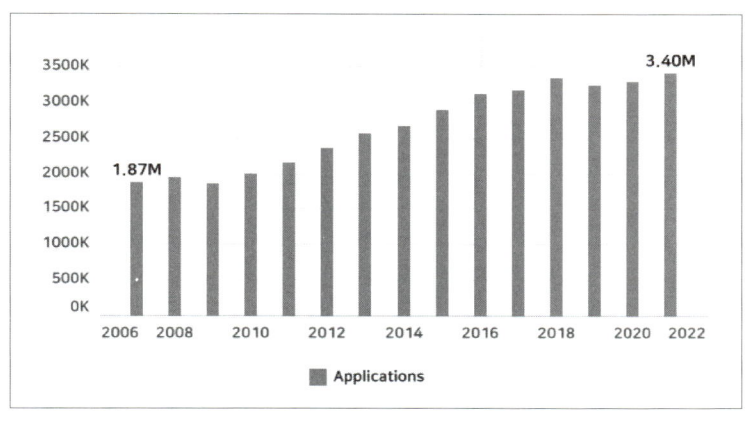

[그림 3] 전 세계 160개국의 연간 특허출원수 현황

전 세계 160개국의 연간 특허출원수 현황을 살펴보면, 지난 10년 동안 연간 발행되는 특허출원수는 약 150만 건이 증가하여, 총 341만여 건에 도달했다. 특허 한 건이 적게는 20페이지, 많게는 200여 페이지에 달하는 양인 것을 감안하면 매년 1억 페이지 이상의 특허 데이터가 생성되고 있는 것이다.

이러한 특허 데이터의 증가는, 전 세계적으로 기술의 진보가 빠르고 기술 경쟁이 치열해지고 있다는 시그널이기도 하지만, 전 세계의 기업과 국가 그리고 산업의 기술 트렌드 전반을 특허 빅데이터로 더 빠르고 정확하게 분석하고 예측할 수 있다는 의미이기도 하다.

이렇게 방대한 데이터가 빠르게 쏟아지는 만큼 최근 5년간 국내 데이터 산업의 시장규모 역시 23조 원으로 크게 성장하였으며, 데이터 직무 인력도 약 18만 명에 이른다. 생성되는 데이터도 많고, 생성되는 데이터를 활용하기 위한 인력과 인프라도 같이 성장하고 있기 때문에, 데이터 시대가 본격적으로 도래했다는 것에 동의할 수밖에 없는 상황이다. 우리는 눈앞에 도래한 데이터 시대에서 이 방대한 데이터를 우리가 얼마나 잘 활용하고 있는지 이제는 고민이 필요한 시점이다.

제3절 — 데이터란 무엇인가?

데이터의 활용에 대해 이야기하기 앞서, 먼저 데이터의 정의와 속성을 정확하게 아는 것이 중요하다. 데이터의 사전적 정의는 "이론을 세우는데 기초가 되는 사실, 또는 바탕이 되는 자료"이며, 정보통신 분야에서는 "컴퓨터가 처리할 수 있는 문자, 숫자, 소리, 그림 따위의 형태로 된 정보"이다. 보통 데이터라고 하면 여전히 후자의 의미를 떠올리는 분들이 많을 것이다. 하지만 데이터 시대의 "데이터 활용"을 위하여 우리가 이해해야 할 정의는 "이론을 세우는데 기초가 되는 사실"이 바로 "데이터"라는 것이다.

우리는 어떠한 결정을 내릴 때 많은 정보를 듣고, 보고, 찾는 과정을 거쳐 획득한 정보에 근거하여 결정을 내린다. 예를 들어, 오늘 저녁 데이트 코스로 이탈리안 레스토랑에서 파스타를 먹으려 한다면 우리는 음식점의 위치, 파스타의 종류, 가격, 방문자 평점 등의 다양한 데이터를 취득하고자 노력한다. 그리고 이렇게 취합된 데이터를 기반으로 한 곳의 이탈리안 레스토랑을 결정하게 된다. 즉, 내가 취득한 데이터인 음식점의 위치, 파스타의 종류, 가격, 방문자의 평점을 기초로, 내가 좋아하는 맛의 파스타가 있는 적절한 거리의 이탈리안 음식점을 찾고자 하는 나의 목적(이론)을 달성할 수 있게 되는 것이다.

우리가 데이터를 활용하게 되는 단계는 '데이터 피라미드' 개념을 통하여 쉽게 이해할 수 있다. 데이터 피라미드는 4단계의 프로세스를 가지고 있으며, 궁극적으로 최상위 계층인 지혜(wisdom)를 도출하는 것을 목적으로 하고 있다.

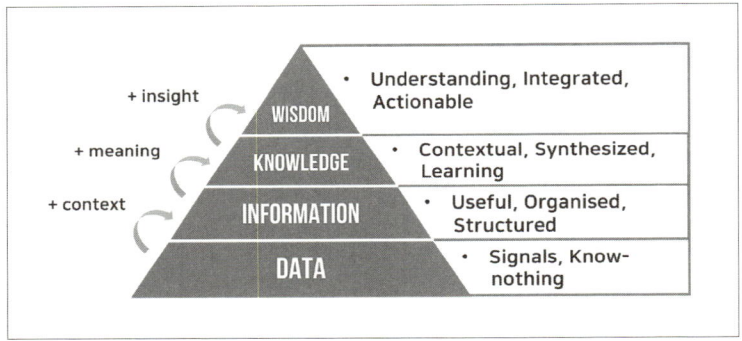

[그림 4] 데이터 피라미드

제4절 — 특허 빅데이터로 지혜를 찾자

여기서 간단하게 특허 빅데이터에 대해 설명을 하면, 특허 빅데이터는 다양한 특허 데이터의 집합이다. 각각의 특허 데이터는 발행된 특허문헌뿐만 아니라, 특허를 보유한 권리자 데이터, 기술 분류를 나타내는 특허분류코드(IPC 등) 데이터, 기술을 요약하여 서술한 요약 데이터, 특허를 제출한 국가 데이터 등의 수백 종의 데이터로 구성된다.

기업에서 특허 빅데이터를 의사결정에 활용하는 방법을 '데이터 피라미드 프로세스'로 설명하면 다음과 같다.

예를 들어, 특허 빅데이터를 이용하여 경쟁사의 경쟁기술을 분석하면, A라는 경쟁사는 (1) "경쟁기술에 대한 연구개발을 매년 20% 이상 확대하고 있다"라는 정보와, (2) "경쟁기술에 대한 B사의 기술을 매입하여 특허 보유량을 10% 증가시켰다"라는 정보(information)를 획득하게 된다. 즉, 각각의 데이터로 구성된 유용한 정보가 만들어진 것이다.

다음으로는 정보를 지식(knowledge)으로 만들어보자. A라는 경쟁사가 연구개발을 확대하고 있다는 정보와 B사의 기술을 매입하였다는 정보가 있더라도, 기업에서 경쟁기술에 대한 투자를 확대할지를 결정하기 위해서는 각각의 정보만이 아니라 "투자 확대"라는 결정을 위하여 적합한 정보를 모아야 한다. 그리고 그 의미를 "투자 확대"라는 목적에 맞게 부여하는 지식으로 만드는 과정이 필요하다.

지식을 획득했다고 하더라도, 그 지식은 기업이 최종적으로 경쟁기술에 대하여 언제 어떠한 형태로 "투자 확대"해야 할지를 결정해 주지는 않는다. 결국은 기업의 책임자가 결정을 내리기 때문이다.

하지만 단순히 경영자나 기업 책임자의 경험과 감에 의한 결정이 아니라, 경쟁사에 대한 특허 빅데이터 기반의 지식을 근거로 한다면 미래 성공 확률을 높일 수 있는 의사결정을 할 수 있는 것이다. 그것이 바로 지식으로부터 나온 인사이트(insight)이며, 지혜(wisdom)이다.

이러한 의사결정이 필수가 되는 시대가 바로 '데이터 시대'이며, 우리는 이러한 의사결정 과정을 '데이터 기반 기업 의사결정 프로세스'라 한다.

제5절 — 데이터를 아는 사람과 모르는 사람의 차이

우리는 좋은 데이터를 활용해야만 의사결정의 근거로써 데이터에 가치가 있음을 알았다. 그러면 이제는 왜 우리가 데이터를 잘 알아야 하고 활용해야 하는지에 대해서 알아보자.

요즘 우리는 사람들이 전문가의 경험과 의견보다도 데이터를 더욱 신뢰하는 모습을 자주 보게 된다. 예를 들어, 임플란트를 할 때에도 3군데 이상의 병원에 방문하라는 조언을 담은 게시물과 병원의 임플란트 후기 데이터를, 치과 전문의인 개인의 의견보다 신뢰하는 환자가 많아지지 않았는가?

또한, 우리는 통계 자료가 인용된 뉴스나 리포트를 매일 접하고 있으며, 이렇게 수치로 된 자료가 근거로 인용되면 보다 객관적인 정보라고 인식하게 되고, 해당 기사에 대한 신뢰가 생긴다.

투자를 유치하기 위해 두 개의 기업에서 자신들의 장점을 설명한다고 생각해 보자. A 기업은 기술 자체의 차별화된 구성과 내용 그리고 효과를 장황하게 설명했고, B 기업은 보유한 기술이 SCI급 논문에 등재되었고, SCI급 논문에 등재된 기술이 높은 성공 확률을 보인다는 객관적인 데이터를 제시했다.

과연 A와 B 기업 중 어떤 기업이 투자자에게 기술력과 투자 성공 가능성을 훨씬 잘 입증하고 설득했을까? 당연히 B 기업이지 않을까?

그렇다면 비즈니스 관점에서, 데이터를 아는 사람과 모르는 사람은 어떻게 다를까? 사실 비즈니스는 설득의 연속이다. 보고서를 작성할 때에도, 회사가 지시한 업무를 할 때에도, 그리고 중요한 의사결정을 할 때에도 결국은 동료, 상사, 회사 그리고 고객을 설득하기 위한 과정이기 때문이다.

따라서 데이터 시대에서 우리가 커리어를 성장시켜나가기 위해서는 필수적으로 데이터 활용능력을 갖춰야 한다. 직무와 관계없이, 데이터를 알고 활용할 수 있는 사람과 그렇지 않은 사람의 경쟁력은 앞으로 더욱 점점 벌어질 수밖에 없을 것이다.

제6절 — 좋은 데이터, 나쁜 데이터

지금까지 데이터 시대 속 '데이터'의 의미와 우리의 삶에서 활용되고 있는 데이터 활용 과정에 대해 살펴봤다. 요약하면, 데이터는 '이론을 세우는데 기초가 되는 사실'이며, 그렇기 때문에 우리가 하는 모든 의사결정의 기초 사실로, 데이터는 반드시 필요하다는 것이다.

그럼 모든 데이터를 의사결정에 활용할 수 있는 훌륭한 자원으로 볼 수 있을까? 사실 꼭 그렇지는 않다.

얼마 전, '제22회 카타르 월드컵'이 아르헨티나의 우승으로 막을 내렸다. 카타르 월드컵은 32개의 본선 진출 국가가 8개의 조로 편성되어 조별리그를 치르고, 상위 16개 팀이 토너먼트를 치르는 방식으로, 총 48번의 경기가 진행됐다.

48번의 경기가 진행되는 동안, 많은 카메라가 관객들이 응원하는 모습, 기뻐하는 모습 등을 촬영했는데, 이러한 영상 데이터들은 아쉽게 골을 놓치거나, 국가의 골을 기원하는 장면 등을 보여줄 때만 활용될 뿐, 그 외에는 특별히 활용되지 않는 데이터이다. 이렇게 의사결정이나 이해를 위한 수단으로 사용되지 않는 데이터를 '다크 데이터'라고 한다.

IBM 리서치(IBM Research)는 전 세계 데이터의 약 88%가 다크 데이터에 해당한다고 보고 있으며, 시장 조사기관 가트너(Gartner)도 전체 데이터의 80% 이상이 다크 데이터라고 보고 있다. 즉, 상당히 많은 양의 데이터가 의사결정 과정에서 훌륭한 자원으로 활용되지는 못한다는 것이다. 때문에 최근에는 이러한 다크 데이터에서 새로운 정보를 찾아내기 위한 노력이 여러 기업에서 이루어지고 있다. 애플(Apple), 구글(Google), 아마존(Amazon)과 같은 글로벌 기업은 물론이고, LG CNS, 엔씨 소프트 등 국내 대기업 역시 다크 데이터를 활용한 새로운 정보 찾기에 많은 노력을 기울이고 있다.

여기서 특허 빅데이터에 대해 말하지 않을 수 없다. 앞서, 특허 빅데이터는 연간 1억 페이지 이상의 텍스트가 새롭게 공개되는 데이터임을 설명했다.

그리고 특허 빅데이터는 여러 개의 특허로 이루어져 있으며, 특허 각각은 기술적 사상인 아이디어를 법적으로 정해진 형식에 따라 문서화한 것이다.

즉, 특허는 기업(또는 개인)의 아이디어를 독점적으로 실행할 수 있도록 가치화하기 위한 문서이다. 따라서, 아이디어에 대한 독점적 권리를 확보하기 위하여 기업의 기술적 노력과 시간이 투입되는 것은 물론이고, 큰 비용의 투자를 통해서 만들어지는 값비싼 데이터이다. 그렇기 때문에 다른 데이터에서 보여지는 다크 데이터의 양과는 다르게 특허 데이터에는 다크 데이터가 매우 적을 수밖에 없다. 즉, 특허 하나하나가 기술적 사상을 담고 있는 좋은 데이터라는 뜻이다.

결국 우리는 의사결정에 활용이 가능한 좋은 데이터를 활용하여 좋은 의사결정의 기초가 되는 중요한 사실을 제공해야 한다. 그리고 그중에서도 특허 빅데이터는 수많은 사람이 돈을 들여 만든 세계에서 얼마 되지 않은 좋은 데이터이기 때문에 활용도 측면에서 높은 가치를 가지고 있다.

제7절 — 비즈니스에서 데이터를 활용하는 2가지 이유

앞서 데이터를 아는 사람과 모르는 사람의 차이에 의해 그 사람의 경쟁력과 커리어 성장에 차이가 있음을 언급했다. 이렇듯 경쟁력의 차이를 뚜렷하게 가져갈 수 있는 데이터를 비즈니스에서 활용한다는 것은 어쩌면 너무 당연한 소리이다. 즉, 데이터를 활용하는 사람과 활용하지 못하는 사람에게서 나타나는 차이가 비즈니스에서 데이터를 활용하는 기업과 활용하지 못하는 기업의 차이에서도 동일하게 나타난다는 것이다.

4차 산업혁명 시대에 들어서면서 모든 기업은 데이터를 통한 의사결정을 진행하는 것은 물론이고, 사업화의 방향을 데이터로 검토하며, 비즈니스의 성공을 위해 데이터 기반의 디지털 전환을 이루고 있다.

이러한 시대적 흐름 속에서 어떠한 방식으로도 데이터를 활용하지 않는 기업이 있다면 그 기업은 매우 높은 확률로 성장과 성공을 위한 비즈니스를 하고 있지 않을 것이다. 아마도 그들은 현 상황을 유지하는데 급급한 경험 위주의 사업화를 영위하고 있을 뿐이며, 조만간 세상에서 사라질 가능성이 매우 높다.

그렇다면 대부분의 기업들은 도대체 왜 데이터를 수집하고 활용하는 것에 혈안이 되어, 데이터에 온 관심을 쏟는걸까? 사실 기업이 데이터를 활용하는 이유와 목적은 매우 다양하다. 예를 들면, 효율적인 업무 분배를 위해 데이터를 활용하기도 하고, 업무 처리 속도를 향상하기 위해서 데이터를 활용하기도 하며, 의사결정의 근거로써 데이터를 활용하기도 한다.

이러한 다양한 세부적인 이유들은 결국 궁극적으로 2가지 목적으로 귀결된다. 하나는 데이터를 활용해 리소스(비용, 시간, 노동력 등)를 최소화하기 위함이고, 다른 하나는 데이터를 활용해 더 많은 수익을 얻기 위함이다.

먼저, 데이터를 활용해 리소스를 최소화한다는 것의 의미를 살펴보자. 모든 기업은 적은 비용으로 고수익을 얻기를 원하며, 이는 비즈니스의 가장 기본이 되는 원칙이라고도 할 수 있다.

이러한 데이터 활용의 기본 콘셉트는 '사람이 할 수 있는 일'을 '컴퓨터'가 하도록 한다는 것이다. 즉, 사람이 할 수 있는 일이긴 하나 시간이 오래 걸리거나, 많은 인력이 투입되어야 하거나, 긴 시간을 투입해야 하는 일을 데이터 기반으로 처리를 대체하여, 기업은 리소스를 최소화할 수 있는 것이다.

예를 들면, 은행의 대출 심사 시스템이 있다. 은행에는 대출 심사를 통한 대출 적격 여부를 판단할 수 있는 많은 은행원이 있다. 이들은 꼼꼼하게 대출을 신청한 사람들의 자격을 검토하고, 정해진 기준에 따라 대출 신청자의 대출 승인 여부를 판단하게 된다. 하지만 한 명의 은행원이 매일 심사해야 하는 대출 신청자가 1,000명 또는 10,000명으로 증가하게 된다면, 은행원들은 다른 업무에 투입되지 못하고 오롯이 대출 심사에만 매달려야 할 것이다. 이를 해결하기 위해서는, 더 많은 은행원을 고용하거나 대출 신청부터 대출 심사 결과를 통보하기까지의 일정에 대한 여유로운 기간 확보가 필요하다.

하지만 이러한 일련의 과정을 데이터 처리에 기반하여 컴퓨터가 일을 하도록 한다면(우리는 이것을 AI 모델이라고 한다), 은행원들은 대출 심사에 투입되지 않고 다른 일에 집중할 수 있게 될 것이다. 또한 컴퓨터의 계산 속도는 사람이 한 건을 처리하는 속도보다 매우 빠르기 때문에 고객들도 오랜 시간 기다릴 필요가 없게 된다.

즉, '사람이 할 수 있는 일'을 데이터 기반의 자동화 모델을 활용하여 비즈니스 프로세스를 변경하면 기업에서의 첫 번째 궁극적인 니즈인 리소스 절약이 가능하다. 그렇기 때문에 많은 기업이 데이터를 활용하고자 노력을 쏟고 있는 것이다.

그리고 기업이 데이터를 활용하는 궁극적인 다른 한 가지의 이유는 바로 데이터를 활용하여 더 많은 수익을 얻기 위함이다.

기업은 수익을 창출하기 위해 다양한 구성원들이 모인 집단이다. 이러한 기업의 특성상, 더 많은 수익을 얻기 위한 노력은 필수적이며, 그중 하나의 방법으로 데이터를 활용하고 있다.

여기에는 다양한 세부적 활용 목적이 있다. 예를 들면, 기업은 새로운 시장에 진출하기 위한 목적으로 해당 시장을 검토하기 위해 시장 데이터를 활용한다. 또는 기업의 판매 제품에 대한 점유율을 높이기 위해 제품 소비자들의 소비 패턴에 대한 카드 구매 내역 데이터를 활용한다. 즉, '더 많은 수익 창출'을 위해 다양한 데이터를 활용하고 분석하여 비즈니스의 성공 가능성을 높일 수 있다.

여기까지의 내용을 정리해 보면, 기업은 두 가지의 목적으로 데이터를 활용한다. 하나는 리소스 활용의 최소화이고, 다른 하나는 비즈니스의 성공 가능성을 높이는 것이다. 특히 빅데이터는 이러한 기업의 데이터 사용 목적 두 가지를 모두 달성할 수 있는 비즈니스에 핏(fit)한 빅데이터이다.

본 책에서는 비즈니스에서의 데이터 활용 목적 중, 비즈니스 성공 가능성의 니즈를 높이기 위한 활용 목적을 중심으로 특허 빅데이터의 활용법에 대해 설명하겠다.

제8절 — 커리어 성장의 필수 요소는 데이터다

앞서 살펴본 바와 같이, 커리어 성장을 위해 우리가 꼭 알고 활용해야 하는 것은 바로 데이터이다. 데이터에 대해 올바로 알고 원하는 대로 활용할 수 있다면 데이터는 매우 중요한 나만의 무기가 될 것이다.

특히 본 책에서 다루고자 하는 특허 빅데이터는 수많은 데이터 중에서도 독자들의 커리어 성장을 빠르고 직접적으로 도울 수 있는 부분에 대해 자세히 다룰 것이다.

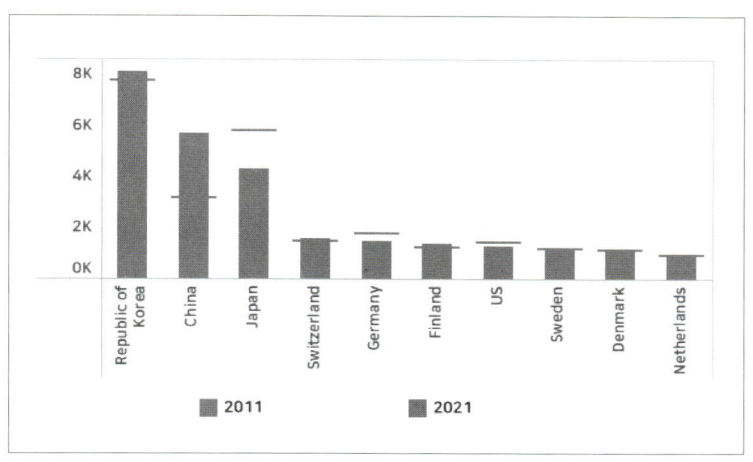

[그림 5] 인구수와 GDP 대비 국가별 연간 특허출원수 현황

대한민국은 미국 US 뉴스(USNWR)가 2023년 1월에 발표한 강대국 순위에서 일본을 제치고 6위를 차지했으며, 그 이유로 대한민국의 첨단 기술을 언급했다. 대한민국이 글로벌 기술 강국임은 특허 데이터에서도 나타난다. 세계지식재산권기구(WIPO)는, GDP-인구수 대비 연간 특허출원수에서 대한민국을 1위로 발표하였으며, 3위인 일본보다 약 2배가량 높았다고 언급하였다.

대한민국은 특허 데이터를 전 세계 160개의 나라 중에서 5번째로 많이 생산하는 국가이며, 인구수-GDP 대비로는 1번째로 많이 생산하는 국가이다. 그런데 아직도 많은 사람이 특허 빅데이터를 기술 데이터로서 접해보거나 활용해 본 경험이 적거나 아예 없다. 그렇기 때문에 우리가 다른 경쟁자와 차별화된 나만의 커리어 성장을 위해서, 특허 빅데이터는 제대로 알고 활용해야하는 중요한 요인이 되었다.

　이제 창업을 하거나 취업을 하거나 혹은 비즈니스 환경 속에서 다양한 직무에서의 커리어 성장에 특허 빅데이터가 과연 어떻게 영향을 줄 수 있는지에 대해 다룰 것이다. 더 나아가 어떻게 짧은 시간과 노력으로 특허 빅데이터를 나만의 무기로 만들 수 있는지에 대하여 본격적으로 살펴보도록 하자.

2장

비즈니스 성공의 기초가 되는 특허 빅데이터

제1절 — 특허 데이터는 빅데이터다

이제부터 본격적으로 특허 빅데이터에 대해 이야기하고자 한다. 하지만 이에 앞서, 특허 데이터가 왜 빅데이터인지, 그리고 어떠한 가치를 가지고 있는지를 먼저 언급하고 넘어가려고 한다.

일반적으로 빅데이터란, 기존 데이터베이스 관리 도구의 능력을 넘어서는 대량(수십 테라바이트; TB)의 정형 데이터 또는 데이터베이스 형태가 아닌 비정형의 데이터 집합을 포함한 데이터로부터 가치를 추출하고 결과를 분석하는 기술이다. 즉, 데이터베이스 등 기존의 데이터 처리 응용 소프트웨어(data-processing application software)로는 수집·저장·분석·처리하기 어려울 정도로 방대한 양의 데이터를 의미한다.

이러한 빅데이터의 공통적인 특징은 3V로 설명된다. 3V는 데이터의 양(volume), 데이터 생성 속도(velocity), 형태의 다양성(variety)을 의미한다. 최근에는 가치(value)나 정확성(Veracity)을 덧붙인 5V로 설명되기도 한다.

특허 데이터는 매일 전 세계에서 생산되는 데이터로, IPC 코드, 출원일, 출원번호, 발명의 상세한 설명 등 다양한 형태의 데이터들이 포함되어 있다.

특허의 주요 출원 국가인 15개국에 출원되어 공개 또는 등록된 건들은 <표 1>과 같이 약 8,396만 건 정도로 구축된 것을 확인할 수 있다. 실제로 전 세계 범위로 확대하면 약 2억 4천만 건 정도의 특허들이 문서화되어 데이터로 확보되고 있다. <표 1>에 기재된 특허 건수는 특허의 active/inactive 상태를 모두 반영한 건이고, 공개/등록 간에 중복 처리되지 않은 건수를 나타낸다.

그리고 상위 1%의 전문가와 같은 이들은, 이러한 특허 데이터를 통해 새로운 가치를 추출하고 결과를 분석하여 새로운 인사이트를 도출하고 있다.

<표 1> 특허 데이터의 건수 현황(검색일: 2022.12.15. 기준, 출처: keywert)

출원국가	특허 공개/등록 건수
한국(KR)	5,638,580
일본(JP)	14,102,284
미국(US)	13,985,618
유럽(EP)	6,437,804
중국(CN)	19,758,996
PCT(WO)	4,899,502
독일(DE)	5,519,814
대만(TW)	1,557,272
프랑스(FR)	2,713,459
러시아(RU)	1,127,350
영국(GB)	2,842,277
캐나다(CA)	1,966,065
호주(AU)	1,978,412
이탈리아(IT)	661,452
인도(IN)	778,453
합계	83,967,468

즉, 특허 데이터는 빅데이터의 특징인 3V를 갖추고 있으며 데이터 안에서 가치를 추출할 수 있기 때문에 빅데이터로의 의미가 있는 데이터라고 볼 수 있다.

제2절 — 특허 빅데이터는 누구나 활용할 수 있다

이 세상에는 다양한 비즈니스가 존재한다. 모든 비즈니스는 고객의 페르소나(persona)와 기업의 페르소나를 정의하면서 시작된다. 그리고 정의된 페르소나는 서비스 디자인 과정에서의 다양한 선택적 의사결정을 통해 완성된다. 조금 더 추가적으로 설명하자면, 고객의 페르소나가 요구하는 요구사항(그리고 pain point, gain point와 interest 등)을 고려하여 기업의 페르소나가 제공할 수 있는 최적의 서비스를 만들어 내는 것, 그것이 성공의 가능성을 갖춘 비즈니스로의 기본이라고 할 수 있다.

이번 장에서 말하고자 하는 바를 한 문장으로 요약한다면, "상위 1%의 전문가들은 이미 비즈니스적 관점에서 특허 빅데이터를 활용하고 있다"는 것이다. 조금 더 명확하게는, 상위 1%의 전문가들은 이미 다양한 고객의 요구사항을 도출하기 위한 방법 혹은 다양한 고객 요구사항의 해결을 위한 방법으로 특허 빅데이터를 활용하고 있다.

특허 빅데이터를 활용하여 고객의 니즈를 충족시키고자 하는 상위 1% 전문가들의 생각은 사실 매우 당연하며, 나아가 매우 합리적이다. 왜냐하면 특허는 하나의 기술에 대한 매우 집약적이고 친절한 설명이 담겨있기 때문이다.

앞서 1장에서 특허에 대해 간단하게 설명했지만 한 가지를 더 강조하자면, 특허는 서술하고 있는 기술이 왜 필요한지, 무엇을 해결하기 위해 필요한 발명인지를 명확하게 설명하는 목적 지향의 기술 문서라는 것이다.

즉, 특허는 특허 내에서 문제를 정의하고, 특허에서 정의한 문제를 해결하기 위한 문제 해결 수단에 대해 매우 구체적이고 상세하게(즉, 누구나 따라 할 수 있을 정도로) 설명하고 있는 설명서이다.

놀랍지 않은가? 우리 기업이 당면한 비즈니스적 문제점을 이미 공개된 특허 데이터를 검토하는 것만으로도 해결이 가능하다니 말이다. 여기서 한 가지 더욱 놀라운 사실은 대기업에 종사하는 사람들뿐만 아니라, 스타트업부터 시작해 유니콘으로 성장한 급성장 기업에서 종사하는 사람들 또한 특허 데이터를 비즈니스에 활용하고 있다는 사실이다. 즉, 특허 데이터는 기업 규모에 따라 사용 가능한 데이터가 아니라, 누구나 손쉽게 접근이 가능하고 활용할 수 있는 아주 고마운 데이터다.

지금부터는 우리가 특허 빅데이터라는 무기를 활용하여 어떤 통찰력을 얻을 수 있는지에 대해 다뤄보겠다.

제3절 — 특허 빅데이터를 활용하면 뭐가 좋은데?

미국의 소설가인 윌리엄 깁슨(William Gibson)은 이런 말을 했다.

"미래는 이미 이 세상에 와 있다. 다만 모두에게 다다르지 않았을 뿐이다. - The future is already here. it's just not very evenly distributed."

세상은 이미 데이터 시대에 도달했고, 그 누구도 이를 부정하지 못할 것이라고 앞서 언급했다. 즉, 데이터를 활용한 디지털 트랜스포머, 데이터 기반의 의사결정과 같이 데이터를 활용하는 것은 시대의 트렌드가 되었다. 하지만 윌리엄 깁슨의 통찰처럼 모든 기업이 데이터의 활용에 뛰어난 역량을 보이고 있는 것은 아니다. 극단적으로는 상위 1%의 기업만이 이러한 시대적 흐름에 도달하고 있는 중이라고도 볼 수 있을 것이다.

이러한 상황을 이해하기 쉽게 예를 들어 설명해 보자. 2023년인 지금, 누군가는 스마트폰을 이용해 24시간 언제든지 은행 업무를 집에서 편안하게 보는 반면, 다른 누군가는 은행 영업시간에 맞춰 은행에 방문하는 것을 통해서만 은행 업무를 보고 있을 것이다. 이렇게 누구나 스마트폰을 통해 은행 업무를 볼 수 있는 세상이지만 모두가 그것을 활용하고 있지는 못하는 것처럼, 데이터 시대이지만 모든 기업들이 데이터를 적극적으로 활용하고 있는 것은 아니다.

특허 빅데이터 역시 이와 같은 관점에서 상위 1% 기업만이 제대로 활용하고 있는 데이터라고 볼 수 있다. 그리고 그 상위 1%의 기업 중에서, 특허 빅데이터를 자신의 무기로 제대로 활용할 수 있는 전문가 역시 상위 1%에 불과하다.

앞서 설명한 바와 같이, 특허는 기술적 아이디어를 매우 자세하게 설명하고 있는 기술의 설명서이다. 그리고 특허 데이터는 특정 기간이 지나면 누구나 접근 가능한 공개 데이터로의 특징을 가진다.

즉, 특허 빅데이터는 누구에게나 공개되어 있고, 누구나 접근할 수 있는 기술의 집약체인 것이다. 따라서 특허 빅데이터가 비즈니스에서 더욱 폭넓게 활용된다면 미래 세상이 추구하는 가치에 대하여, 기술을 기반으로 좋은 인사이트를 발견할 수 있는 가능성은 더욱 높아진다. 하지만 대부분의 기업은 특허 빅데이터를 제대로 활용하고 있지 못하다. 마치 여전히 은행에 방문하여 은행 업무를 보는 사람들과 같이 말이다.

비즈니스에서 가장 중요한 것은 표면에 드러난 것들을 쫓아가는 것이 아니라, 그 안에 감추어진 진짜 기회를 찾아내는 것이라고 볼 수 있다. 즉, 비즈니스의 성공적 전략을 위해서는 시류에 민감하게 반응하여 전략을 세우기보다는, What(무엇을 위해 존재하는가), Why(왜 중요한가), How(어떻게 실현할 것인가)에 집중하여 전략을 세워야 한다는 의미이다.

너무나 다행스럽게도 'What, Why, How'에 대해 모두 담고 있는 (심지어 매우 구체적으로) 데이터가 이 세상에 존재하는데, 그것이 바로 특허 빅데이터다. 그러니 특허 빅데이터를 나의 무기로 잘 활용해야 하지 않을까?

특허 빅데이터를 잘 활용한다면, 우리는 다른 사람보다 빠르고 정확하게 비즈니스에서의 조류를 찾아낼 수 있을 것이다. 마치 스마트폰을 사용해 24시간 언제든 편하게 은행 업무를 보는 것과 같이 말이다.

제4절 — 특허 빅데이터로 비즈니스의 키(key)를 찾다

2022년 5월, "IP(Intellectual Property, 지식재산) 빅데이터는 모든 답을 알고 있다!"라는 주제로 400여 명의 특허 전문가들에게 특허 빅데이터 분석의 필요성에 대해 발표한 적이 있다. 당시 필자는 발표 준비를 위해, 발표의 신이라 불리는 스티브 잡스(Steve Jobs)의 1세대 아이폰 발표 keynote 영상을 찾아봤다.

스티브 잡스는 스마트폰이라는 새로운 기기를 세상에 선보이며 자신이 생각하는 아이폰의 What, Why, How를 매우 구체적으로 설명했다. 그중에서도 인상 깊었던 것은 손가락을 이용한 터치의 기술적 혁신을 설명하면서, 다음과 같이 말한 것이다.

"And boy have we patented it!"

[그림 6] 스티브 잡스 - 1세대 아이폰 키노트 중에서

'Apple의 아이폰이 성공한 이유는 특허 때문이다.'라고 말하는 것은 비약일 수 있다. 하지만 특허와 비즈니스의 타이밍을 맞췄기 때문에 아이폰의 성공 가능성이 높아졌다는 것을 부정하거나 비약이라고 말할 사람은 없을 것이다.

만약, 키노트 발표 시점에서 Apple이 특허권을 확보하고 있지 못했다거나 다른 특허를 침해할 가능성에 대한 검토가 이루어지지 않았다면, 아이폰의 성공 가능성은 장담하기 힘들었을 것이다. 즉, 특허와 비즈니스의 타이밍을 맞췄기 때문에 아이폰은 성공의 첫 발을 내디딜 수 있었다고 볼 수 있다.

자, 그럼 생각해 보자. 필자는 특허와 비즈니스의 타이밍을 맞추는 것이 비즈니스의 성공 가능성을 높일 수 있다고 했다. 그렇다면 특허와 비즈니스의 타이밍을 맞추기 위한 전제 조건에는 무엇이 있을까?

물론 다양한 전제 조건들이 있을 것이다. 하지만 다양한 전제 조건들 중에서 필자가 가장 중요하게 생각하는 두 가지가 있다. 첫 번째는 시장에서의 니즈가 있어야 한다는 것, 그리고 두 번째는 이러한 니즈를 해결할 수 있는 기술력이 뒷받침되어야 한다는 것이다.

이것은 마치 처음 보는 자물쇠의 열쇠를 찾아내는 것과 같다. 만약 시장의 니즈가 자물쇠라면, 그 자물쇠를 풀어낼 수 있는 딱 맞는 열쇠를 찾는 것이라 볼 수 있다. 열쇠를 만든 다음 열쇠에 맞는 자물쇠를 찾아내는 것은 얼마나 비효율적이고 멍청한 일인가.

상위 1%의 전문가는 자물쇠를 먼저 찾아낸다. 그리고 그 자물쇠에 맞는 열쇠 즉, 키(key)를 제공하기 위한 연구를 한다. 이것은 내가 만들어 낸 것에 집중하는 것이 아니라, 시장이 만들어 지길 원하는 것에 집중하는 사람들, 그런 사람들이 상위 1%의 전문가라 할 수 있다.

이제 우리가 해야 할 일들이 명확해졌다. 시장의 니즈를 확인해야 하고, 이러한 니즈에 맞는 키가 되는 기술을 보유해야 한다. 마지막으로, 보유한 기술의 특허적 타이밍과 비즈니스의 타이밍을 일치시켜야 한다.

상위 1%의 전문가들은 꽤 오래전부터 특허와 비즈니스의 타이밍을 맞추기 위해 노력해왔다. 경영 전문가, 기술 전문가와 특허 전문가가 서로 논의(discussion)를 통해, 해당 비즈니스의 기술적 사항에 대한 실현 가능성, 권리 확보 가능성 등의 검토를 진행하고 최종적으로 특허와 비즈니스가 맞춰지는(align) 타이밍을 찾아냈다.

하지만 여기서 뛰어넘을 수 없는 한계점은 뚜렷하게 존재했다. 전문가 3인에 의해 도출된 타이밍을 과연 의사 결정자는 얼마나 신뢰할 수 있을지에 대한 '객관성'의 문제였다.

하지만 데이터는 팩트(fact)이다. 있는 그대로의 현상을 보여주는 것이 데이터의 장점이며, 그런 데이터 중에서도 특허 빅데이터는 전 세계에서 사람들이 비용을 투자하여 만들어내는 고품질의 데이터이기 때문에 더욱 신뢰할 수 있는 팩트가 된다. 게다가 특허 빅데이터는 누구나 활용할 수 있어, 접근성이 좋다는 장점까지 있다.

따라서 특허 빅데이터를 활용한다면, 누구나 특허와 비즈니스의 타이밍을 맞출 수 있고, 의사 결정자는 타이밍을 도출한 특허 빅데이터의 객관성을 담보하여 의사 결정을 내릴 수 있게 된다.

상위 1%의 전문가가 되고 싶은가? 그렇다면 특허 빅데이터를 영민하게 활용하자. 그리고 비즈니스에 생명을 부여하자.

만약 당신이 특허 빅데이터와 비즈니스가 맞춰지는 타이밍을 찾아낸다면, 시장에 엄청난 파급력을 발생시킬 수 있을 것이다. 마치 아이폰이 세상에 처음 등장했던 때와 같이 말이다.

특허 데이터 설명서

제1절 — 특허 빅데이터에는 내가 알고 있는 모든 기술이 있다

 특허는 다양한 주체들(기업, 개인, 연구소 등)이 자신만의 고유한 기술적 사상인 아이디어를 법적으로 정해진 형식에 따라 문서화한 것이다. 기업들은 현재 개발되고 있는 제품 또는 서비스, 미래에 개발하고자 하는 제품 또는 서비스를 구현하기 위해 고려했던 기술적인 아이디어를 특허로 출원한다. 그리고 대학교나 연구소의 연구자들도 R&D 과정을 통해 확보한 결과물에서 기술적인 사항을 특허로 출원한다.

이와 같이 특허는 기술 내용을 포함하면서도 각국에서 규정된 정형화된 형식에 따라 작성된 문서이기 때문에 데이터로 분석하기에 매우 적합한 형태를 나타내고 있다.

일반적으로 빅데이터는 대량의 데이터를 의미하며, 미리 정해진 규칙에 맞게 작성된 데이터인 정형 데이터와 규칙이 없고 형태가 없는 비정형 데이터로 구성된다.

특허는 미리 설정된 서식과 규칙에 따라 생성되어 정형적인 속성을 가지면서도 명세서 내에 다양한 기술적 사항이 텍스트 형태로 기술된 사항이기 때문에 비정형적인 속성도 포함하고 있는 일종의 반정형 데이터의 성격을 가진다. 특허 데이터는 정형적인 속성을 나타내는 수치 데이터(예를 들면, 출원 연도, 피인용 횟수, 청구항 수, 발명자 수 등)를 포함하고 있기 때문에 통계적인 관점의 분석과 인사이트 도출이 가능하다. 뿐만 아니라, 특허 데이터는 명세서 내에 기재된 기술 내용을 표현하는 키워드를 다양한 방식으로 분석(분류, 정렬, 추출 등)하여 패턴, 관련성, 연관성, 스펙 등 기술 자체에 대한 세부 인사이트를 도출할 수 있다.

이러한 특허 데이터의 속성들로, 특허 데이터는 데이터 분석을 통해 다양한 비즈니스 관점의 인사이트 도출이 가능하다. 그렇기 때문에 특허 빅데이터를 활용한다면 나만의 무기를 통한 경쟁력을 확보할 수 있다.

제2절 ─ 특허 빅데이터는 많은 돈을 투입해 만들어진 데이터다

특허 데이터는 기술 내용을 포함하는 기술문서로, 논문과 유사한 성격을 가진다. 하지만 특허 데이터에 투입되는 비용은 논문과 비교할 수 없을 정도로 높은 비용이며, 특히 중요한 특허 데이터는 수백, 수천억 원의 가치를 가질 정도로 '가치 집약적인' 데이터이다.

여기서, 특허의 기본적인 속성을 이해하고 넘어갈 필요가 있다. 특허는 기술에 대한 독점적인 권리를 갖기 위한 문서로, 문서를 만드는 데에도 돈이 들지만 만들어진 문서의 심사과정과 권리를 유지하는 데에도 상당한 비용이 든다.

그래서 어떤 기술이 산업적으로 활용이 불가능하거나, 기술성이 부족하거나, 기존 기술과 거의 동일하거나 중복되었다면 굳이 많은 돈을 들여서 특허 출원을 진행할 필요가 없다. 뿐만 아니라, 특허 한 건에 대해 많은 비용을 들여서 현재 또는 향후에 동일한 아이디어를 침해할 우려가 있는 국가를 선택하여 해외출원도 진행되며, 국가별로 수천만 원을 들여서 등록을 진행하기도 한다.

돈은 기업의 비즈니스와도 관계되며, 특허 데이터는 특허 등록이 되었을 때 특허권자의 중요한 자산이 되기 때문에 단순히 기술 내용을 포함하는 논문보다는 훨씬 더 비즈니스적인 속성을 가진다. 따라서 특허에는 고도의 전략적인 접근이 필요하다.

이렇게 하나의 특허도 수많은 사람의 노력과 많은 예산을 들여서 제출되는 점을 고려할 때, 특허 데이터는 시장지향성 기술 정보라고 볼 수 있다. 따라서 기술적 정보뿐만 아니라 비즈니스적 정보를 모두 포함하는 특허 데이터는 그 어느 데이터보다 빅데이터로서 분석할 가치가 매우 높다.

제3절 — 특허 데이터 활용을 위한 7가지 Point

지금까지 특허 빅데이터가 가지는 가치와 중요성에 대해 다루었다. 그렇다면 이렇게 가치 있고 중요한 특허 빅데이터를 어떻게 활용해야 할까? 앞서 말했지만 특허 빅데이터는 기술의 내용을 설명하는 것뿐만 아니라, 다양한 정보(출원인, 출원일, 기술 분류 코드 등)를 포함하고 있고, 이를 목적에 맞게 활용할 필요가 있다.

(1) 특허 명세서 내 텍스트 데이터

특허 명세서는 특허의 기술적인 내용을 당업자가 용이하게 실시할 수 있을 정도로 명확하고 구체적으로 기술한 발명의 상세한 설명이 포함된다. 그럼 기존에도 발명의 상세한 설명을 분석했는데 이를 빅데이터 분석 관점에서 활용하는 것과는 어떠한 차이가 있는지 궁금할 것이다.

기존에 발명의 상세한 설명을 분석하는 것은 어느 하나의 특허 데이터에 포함된 발명의 상세한 설명에서 내포되어 있는 사항을 특허 전문가가 일일이 이해하고 이를 클라이언트가 이해하기 쉽게 정리한 수준이었다.

기존 방식은 분석자가 특정 기준에 따라 선택한 일부의 특허들을 나열하여 해당 특허들의 특징을 기술 트렌드로 분석했기 때문에, 기준도 불분명할 뿐만 아니라 매우 주관적인 사항이라 상대적으로 객관성과 결과 신뢰도가 떨어졌다. 때문에 새로운 관점의 인사이트를 도출하는 것도 어려웠다.

하지만 특허 빅데이터에 데이터 분석 기법을 적용하면, 다수의 특허 데이터를 특정 기준(ex. 출원 연도, 기술 분류, 출원인 등)으로 그룹핑(grouping)하고, 그룹핑된 특허 데이터를 대상으로 발명의 상세한 설명에 기재된 핵심 키워드들을 활용하여 주요 토픽을 모델링하여 특허 데이터를 통해 전체적인 기술 흐름을 유추할 수 있다.

이를 위해서는 그룹핑된 특허 데이터들을 한 번에 모아놓고 특허 데이터들에서 핵심 키워드들의 분포를 통해 객관적인 방식에서 주요 이슈인 토픽을 도출하기 때문에, 수많은 특허 데이터에 숨겨진 토픽들을 확인하여 새로운 인사이트를 도출할 수 있는 가능성이 훨씬 높아진다.

(2) 특허의 인용 관계

특허 데이터는 출원 과정에서 발명자가 인지한 선행기술들을 기재하는 경우가 존재한다. 그리고 등록 과정에서 특허 심사관이 해당 특허를 거절하기 위해 조사한 특허들을 기재하는 경우가 존재한다. 또한 특정 특허를 대상으로 다른 국가로 해외출원하는 경우에, 해외출원의 심사과정에서 도출된 선행기술들도 확인된다.

이와 같이, 하나의 특허에는 출원과 심사과정, 해외출원에 걸쳐 다양한 특허들이 연관되며 이러한 특허들이 특허 간의 인용 관계로 묶인다. 인용 관계로 연결되는 특허들은 서로 간의 유사성이 높다고 보장하기는 어렵지만, 기술 영역 관점에서는 일정 기준에서 서로 관련성이 있는 기술들일 가능성이 높다.

이러한 인용 관계는 주로 무효 조사나 유효성 분석에서 많이 활용되긴 하지만, 특허의 중요도를 평가하는데도 많이 활용된다. 마치 논문에서 인용 횟수가 많은 논문을 중요한 논문으로 표현하는 것과 같은 이치이다. 인용 관계 데이터들을 자신(출원인, 발명자)이 인용했는지, 또는 심사관이 심사과정에서 인용했는지 등으로 구분하고 분석하여 특허들 간의 연결 관계를 나타내는 네트워크 분석이 가능하다. 이러한 네트워크 분석은 하나의 특허만을 가지고 분석했던 기존의 방식으로는 불가능하다.

그리고 인용 관계를 기반으로 네트워크 분석을 수행하는 경우, 특허에 대응하는 출원인, 기술 분류 등의 부수적인 정보를 연계하여 검토할 수 있기 때문에 새로운 관점의 비즈니스 전략을 도출할 수 있다.

(3) 특허의 기술 분류

특허는 IPC(International Patent Classification, 국제특허분류)와 CPC(Cooperative Patent Classification, 협력적 특허분류) 등과 같은 기술 분류들이 매칭된다. 여기서 IPC는 발명의 기술 분야를 나타내는 국제적으로 통일된 특허분류 체계이며, CPC는 IPC보다 세분화된 특허 분류 체계로, 미국특허청과 유럽특허청의 주도로 2012년에 개발된 기술 분류 체계이다.

이러한 기술 분류는 국제적으로 정의되는 사항으로 통일된 의미를 가진다. 그리고 기술 분류는 출원인이 부여하는 것이 아니라 특허청의 관계자들이 특허 내용을 확인하여 할당하고 있으며, 동일한 특허라도 동종의 기술 분야의 기술 분류뿐만 아니라 이종(異種)의 기술 분야의 기술 분류가 할당될 수 있다. 즉, 하나의 특허에 여러 개의 기술 분류가 할당되기도 한다는 것이다.

이러한 기술 분류는 기존의 특허 분석 과정에서는 특허 검색 과정에서 필터링하기 위한 하나의 조건으로 활용하여 노이즈를 제거

하는 용도로 사용하는 것이 일반적이었다. 그런데 이러한 기술 분류를 데이터로 접근한다면, 단순히 해당 특허가 어떠한 기술 분야에 속하는지를 검토하는 것뿐만 아니라, 기술 분류들을 조합하여 서로 다른 기술 분류 쌍을 추출하여 기술적 연결성을 나타내는 콤비네이션(combination)을 도출할 수 있다.

이와 같은 기술 분류 쌍은 서로 링크를 통해 노드로 설정될 수 있으며, 링크와 노드로 구성되는 기술 분류 관점의 네트워크를 통해 새로운 관점의 인사이트 도출이 가능하다.

그리고 기술 분류에 기반한 네트워크도 출원인, 출원연도의 관점에서 세분화하여 분석한다면, 기술 변화의 트렌드나 기업의 기술 개발 방향을 유추할 수 있다.

(4) 특허의 출원인과 발명자

특허는 자연인인 발명자가 생각해낼 기술적 사상을 문서화한 것이다. 그리고 특허출원 시에 출원인의 이름으로 제출되며, 출원인은 특허를 받을 수 있는 권리를 가지는 것으로 해석된다. 발명자와 출원인이 동일할 수 있으나, 대부분의 기업은 발명자와 출원인이 다른 경우가 많다.

이와 같이 발명자는 실제로 기술적 사상을 생각해낸 인적 주체이기 때문에, 특정 기술 분야의 특허들을 분석하여 해당 기술 분야의 전문가를 도출할 수 있는 도구가 된다. 그리고 해당 특허들 간의 인용 관계에서 발명자들의 기술 분야에서의 영향력과 출원인 변경을 통해 발명자의 소속 변경 사항도 유추할 수 있다.

(5) 새로운 지표 도출

특허의 서지적 사항은 다양한 용도로 활용되지만, 기술성, 시장성, 권리성과 같은 특허들의 품질을 평가하는데도 많이 활용된다.

이러한 서지적인 사항은 단순히 조합하여 특허들 간의 상대적인 우위를 평가하는데 활용할 수 있으나, 특허의 서지적인 사항들을 활용하여 기존에 활용되지 않는 새로운 지표들을 도출하고 상대평가하는데에 활용할 수 있다.

(6) 특허 등록까지의 중간 사건 대응 횟수

특허는 출원을 하더라도 한 번에 등록되지 않고 일반적으로 한 번 이상의 거절 이유에 대응하는 과정을 거쳐 등록된다. 이러한 특허의 등록 과정 속성에서 거절 이유에 대응하는 중간 사건 대응 과정은 특허 검색 서비스의 서지 사항을 통해 도출되는 정보는 아니다.

그렇지만 특허의 중간 사건의 횟수를 통해 기업에서 해당 특허를 생각하는 중요도를 유추할 수 있으며, 중간 사건에 소요되는 비용을 고려하여 기업에서 특정 연도에 IP 비용에 소요한 예산을 유추할 수도 있다.

하지만 이러한 중간 사건의 횟수는 특허청에서 제공하는 이력 정보를 분석할 수밖에 없기 때문에 수천, 수만 건의 데이터에서 이러한 이력 정보를 사용자가 직접 도출하는 것은 거의 불가능하며, 빅데이터 분석 관점에서 도출할 수밖에 없다.

(7) 특허 권리 이전 정보

특허는 지식재산권의 속성을 가지기 때문에 토지나 건물을 매각하는 것과 동일하게 등기 상의 소유자가 변경되는 형식을 가진다. 즉, 특허도 양도인과 양수인 간에 특허권리가 이전될 수 있고, 이러한 이전 관계는 특허 등록 원부에 기재된다.

특정 기술 분야에 특허 권리 이전의 양상이나, 특정 출원인이 최근에 매입한 특허들, 특정 연도에 특허 권리 이전된 사항들, 특허 권리가 이전된 기업들 간의 네트워크 관계 등 다양한 방식으로 바라본다면, 어떤 기술이 중요해지는지, 그리고 어떤 특허가 앞으로 소송이나 라이선스에 활용될 것인지를 사전에 예측하여 대비할 수 있을 것이다.

그리고 특허권의 권리 이전 양상을 통해 특정 기업의 시장 진출 상황이나 서비스 제공 분야도 미리 확인함으로써, 기업 투자나 시장 측면에서의 선제적인 대응책 마련을 고민할 수 있을 것이다.

Memo

2
특허 빅데이터 활용법 in 기술 트렌드 분석

1장 ──
시장의 소리를 듣고 비즈니스 하라

2장 ──
기술의 변화를 감지하라

3장 ──
미래에 유망한 기술을 찾아라

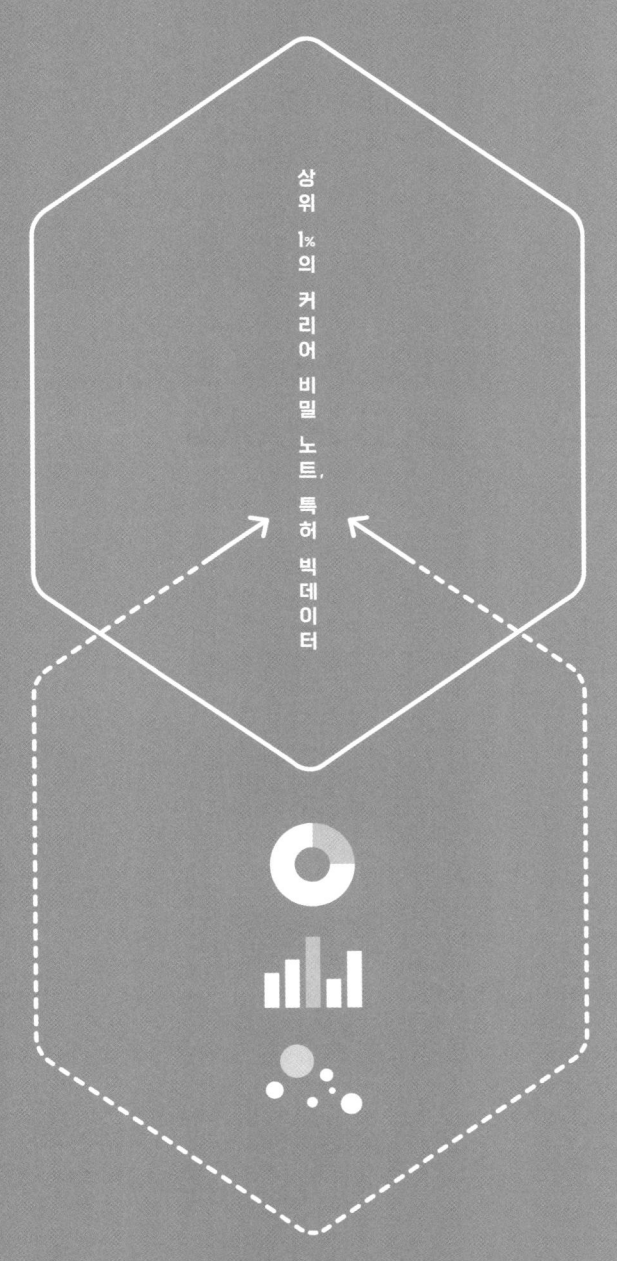

1장

시장의 소리를 듣고
비즈니스 하라

비즈니스에서의 성공은 사람들이 원하는 제품, 서비스 등을 만들어냈을 때 이루어진다. 그리고 만들어낸 제품, 서비스가 기존에 없던 것일 때, 우리는 혁신을 이루었다고 표현한다.

따라서 비즈니스에 성공하고자 하는 기업들은 정답을 찾는 일보다 문제(즉, 사람들이 원하는 제품, 서비스)를 발견하는 일이 더욱 중요하다. 왜냐하면 처음부터 혁신을 결심하고 성공시킨 혁신가는 없기 때문이다. 문제점을 발견하고, 획기적인 접근법으로 문제를 해결하는 순간, 기업은 혁신적인 기업이 되며 비즈니스에서 성공을 거두는 것이다. 이것이 모든 기업이 시장의 소리에 촉각을 세우게 되는 이유이다.

하지만 시장의 소리를 듣는다는 것은 매우 어렵고 돈이 많이 드는 일이다. 또한 사람들이 어떠한 문제점을 해결하고 싶어 하는지 알 수 있는 방법 역시 제한적이다. 아울러, 운 좋게 수집한 사람들의 문제점이 다른 많은 사람도 해결하고 싶어 하는 문제점인지를 확인하는 것은 사실상 불가능에 가까운 일이다.

운 좋게 많은 사람이 공감하는 문제점을 발견한다 하더라도, 또는 그러한 문제점을 기초로 비즈니스를 구성한다 하더라도 실패할 수밖에 없는 케이스(case)가 있다.

바로 기업의 기술 구현 가능성을 간과하고, 기업의 보유 기술에 문제점 해결 방법을 억지로 끼워 맞추는 경우이다. 이러한 케이스가 비즈니스에서 성공한다는 것은 마치 코끼리가 바늘구멍에 들어가는 것과 같은 일이라고도 할 수 있다. 이러한 방법과는 다르게 상위 1%의 전문가는 특허 빅데이터를 통해 위에 제시한 모든 문제들을 해결한다.

먼저, 특허 빅데이터를 통해 시장의 소리를 듣는다. 특허 각각에는 what(무엇을 위해 존재하는가)과 why(왜 중요한가)가 매우 구체적으로 쓰여있다. 어떠한 문제점을 해결하기 위한 것인지, 이 문제점을 해결하는 게 왜 중요한지에 대하여 각각의 특허에 매우 친절히 쓰여 있다는 것이다. 그리고 발견된 문제점을 해결하고자 하는 기술들이 많을수록, 해당 니즈에 대한 시장의 소리가 크다는 것을 알 수 있다.

또한, 상위 1%의 전문가는 특허 빅데이터를 통해 발견된 문제점과 기업이 보유한 기술의 갭(gap)을 메꾼다. 특허 각각에는 what과 why를 기초로, how(어떻게 실현할 것인가)를 상세하게 기재하고 있다.

특허법 제42조에는 "그 발명이 속하는 기술 분야에서 통상의 지식을 가진 사람이 그 발명을 쉽게 실시할 수 있도록 명확하고 상세하게 적을 것"으로 명시하고 있으며, 이를 충족하지 못할 경우, 특허는 거절된다. 특허를 출원하는 이유는 독점적 권리를 획득하기 위한 것이기 때문에, 특허 출원인은 거절 이유를 해소하기 위해서라도 how를 매우 상세하게 기재한다.

즉, 해당 기술 분야에 종사하는 사람이라면 특허를 읽어보는 것만으로도 문제점을 해결할 수 있는 how를 명확하게 이해할 수 있게 된다. 특허 빅데이터 검토를 통하여, 기업의 기술적 수준을 끌어올리는 전략을 수립할 수 있다는 것이다.

여기까지의 내용을 정리하면, 상위 1%의 전문가는 특허 빅데이터를 통해 시장의 소리를 듣는다. 그리고 시장의 소리를 기초로 비즈니스 전략을 수립함에 있어서, 특허 빅데이터를 다시 한번 활용하여 시장이 원하는 기댓값과 기업이 기술적으로 도달할 수 있는 수준 사이의 갭을 메꿀 수 있도록 전략을 수립한다.

예전부터 상위 1% 전문가들은 특허 빅데이터의 이러한 특성을 알고 있었으며, 특허 빅데이터 분석을 통해 시장의 소리를 듣고

(what, why) 문제점을 해결하기 위한 방법(how)을 도출하고자 했다.

기본기능 (소분류)	세부기능 (세부기술)	목적	해결수단			
			ZZ크기	구동전압	히터	발액층
TTT감소	고속NN생성	보조MMM			US1987-030165_B JP1996-177990_A	
	고속VVV속도	고전압PP인가	JP2002-278212_A	JP2003-432952_A JP2004-250044_A US2007-224048_A KR2009-0002166_B		JP2003-348769_B
TT외 시간감소	고속MMM안정	보조MMM 고속액체공급수단				JP2003-348769_B
	건조시간감소 (소결(Sintering))	기판온도제어			JP2004-221937_B	
UU최소직경	ZZ제조	MEMSZZ최소공정	JP2002-278201_A JP2002-278210_A JP2002-278212_A JP2002-278219_A JP2002-278229_A KR2005-7005125_B	JP2002-278201_A JP2002-278210_A JP2002-278212_A		KR2005-7005125_B JP2003-293068_B JP2003-293088_B
	메MM제어	전기 XX전극형성	KR2005-7005125_B			KR2005-7005125_B
	PP제어	표면장력제어			US1987-030438_B US1987-060087_B	

[그림 7] 과거 특허 데이터에서의 문제점, 해결 방안 도출 예시

하지만 특허 1건의 내용이 500~2,000문장으로 이루어져 있어, 하루에 100건 이상의 특허를 읽고 what, why, how를 추출한다는 것은 매우 노동집약적인 일이라는 문제가 있었다. 또한, 기술을 문서화한 특허의 특성상 전문성이 필수적이기 때문에 누구나 접근하기 힘들었다.

다행히도 2023년 지금은 데이터의 시대이고, AI의 발전을 통해 노동 중심의 문제 해결에서 데이터 중심으로 문제를 해결할 수 있게 됐다. 아울러, 특허를 특허 관점이 아닌 빅데이터 관점에서 바라

봄으로써, 과거 전문성에 기반해 도출했던 결과물들을 누구나 도출할 수 있게 되었다. 그렇기 때문에 상위 1%의 전문가는 특허 빅데이터에서 문제점(시장의 소리)과 이를 해결하기 위한 방법을 자동으로 추출하기 위한 AI 모델을 활용한다. 특허 빅데이터에서 문제점과 이를 해결하기 위한 방법을 자동으로 추출하고, 추출된 데이터를 해석함으로써, 시장에서 필요로 하는 기술을 파악하고 비즈니스 전략을 수립할 수 있다.

특허 각각에는 다양한 필드들이 존재한다. 그중에서 기술 분야, 배경기술, 해결하고자 하는 과제 등의 특정 필드를 중심으로 문제점을 확인할 수 있는 문장 패턴과 해결 방법을 확인할 수 있는 문장 패턴을 추출하고 이를 기초로 AI 모델을 학습시킨다.

예를 들면, 문제점을 확인할 수 있는 문장 패턴은 "~의 문제점이 있다." 또는 "~의 필요성이 있다." 등이 있다. 또한 해결 방법을 확인할 수 있는 문장 패턴에는 "~을 통해 ~ 할 수 있다.", "~을 이용해 ~ 할 수 있다." 등이 있다.

이러한 패턴을 도출하는 방법 역시, 위와 같이 문장의 패턴을 도출하는 방법뿐만 아니라, 특정 단어를 포함하는 문장을 추출하는 방식 등 다양한 데이터 활용기법이 적용될 수 있다.

특허번호	구분	텍스트	
		특허전문가 직접 추출 데이터	AI 모델 추출 데이터
KR2013-0043217_A	목적	신경계 장애를 치료하기 위한 약학적 조성물 및 그 치료방법에 관한 것	신경질환을 치료하기 위한 약제 조성물, 및 그것을 투여해 신경질환을 치료하는 방법을 제공한다.
	해결수단	조성물은 퀴니딘과 조합된 덱스트로메토르판을 포함	이 조성물은 퀴니딘과 조합해 덱스트로메토판을 포함한다.
US2003-0030766_A1	목적	in particular to a color filter and electro-optical device with improved uniformity between pixels in optical transmittance characteristics in each individual pixel.	To provide a color filter and an electro-optical device where the uniformity of light transmission characteristic at each pixel is enhanced among the pixels.
	해결수단	A color filter (200) comprises pixels (13) separated from each other by partitions (14) formed on a substrate (12) so as to have a plurality of color elements of ink. Dummy pixels (13') are formed outside the area in which the pixels (13) are formed. The amount of ink applied to each of said pixels and the amount of ink applied to each of said dummy pixels are substantially equal. A protective film (21) covering said pixels (13) is formed so as to also cover said dummy pixels (13').	The color filter 200 is divided by partitions 14 formed on a substrate 12 and includes a plurality of pixels 13 consisting of color elements by ink. Dummy pixels 13' are formed outside an area where the plurality of pixels 13 are formed. An ink amount given per pixel is almost equal to that given per dummy pixel. In addition, a protection film 21 covering the pixels 13 is so formed as to cover the dummy pixels 13'.

[그림 8] AI 모델 학습 결과

필자가 개발한 AI 모델의 경우, 새로운 특허를 입력(input)했을 때, 90%에 육박하는 높은 정확도로 특허 전문가가 도출한 문제점과 해결하기 위한 방법을 추출(output)하는 것이 확인됐다. 그리고 중요한 것은 1만 건의 특허를 입력했을 때, 단 1분 만에 결괏값을 확인할 수 있었다는 것이다.

이와 같은 방법을 활용하면, 100만 건의 특허를 AI 모델에 입력하는 것만으로, 입력된 특허에서 기재한 문제점과 해결하기 위한 방법을 확인할 수 있게 된다. 최종적으로 이를 매트릭스(matrix) 형태 등으로 시각화하여 데이터 리터러시(data literacy)에 임한다면, 기술 전문가, 데이터 전문가, 특허 전문가가 아니더라도 시장에서의 목

소리를 들을 수 있고, 이를 해결하기 위한 기술 포인트를 확인할 수 있다.

　아울러, 도출된 문제점 해결을 기반으로 비즈니스를 진행할지 여부를 판단하는 의사 결정자는 전 세계 특허 데이터를 통해 도출된 객관적인 근거를 기초로 시장에서의 성공 가능성을 가늠하여 의사 결정을 할 수 있다.

　신규 진입하는 비즈니스에서 성공의 가능성을 높이고 싶은가? 그렇다면 특허 빅데이터를 적극 활용하라. 당신은 비즈니스 성공의 불씨를 제공하는 전문가가 되어있을 것이며, 당신의 비즈니스 제안을 받아본 의사 결정자는 당신이 도출한 객관적인 데이터 분석 결과에 심장이 두근거릴 것이다.

2장

기술의 변화를 감지하라

변화를 예상하는 것이 곧 비즈니스 성공의 열쇠라고 할 정도로, 비즈니스에서의 변화를 감지하는 것은 매우 중요한 일이다. 그리고 대부분의 비즈니스의 변화는 기술의 변화에서 시작한다. 즉, 비즈니스의 변화를 다른 사람들보다 빠르게 감지하려면 기술의 변화를 빠르게 감지해야 한다는 것이다.

다행히도 특허 빅데이터는 기술의 변화를 감지하기 위한 최적의 데이터이다. 우리는 특허 빅데이터를 활용함으로써 다른 사람들보다 빠르게 기술의 변화를 감지할 수 있고, 이를 기초로 비즈니스의 변화를 예측할 수 있다. 그리고 비즈니스의 변화를 예측한다면,

다른 사람들보다 빠르게 변화에 대응하기 위한 전략을 수립할 수 있을 것이다. 먼저 특허 빅데이터를 활용해 비즈니스의 변화를 감지하는 방법을 살펴보자.

최근 10년 동안 기술적으로 드라마틱한 변화가 있었던 분야를 뽑으라면 단연 자동차 분야를 뽑을 수 있다. 자동차 엔진으로 대표되는 내연기관은 100년이 넘도록 인류의 사랑을 받아왔다. 내연기관이란 '내연'이라는 말에서 알 수 있듯이 엔진 안에서 연료를 태워 힘을 얻는 방식이다. 하지만 어느 순간부터 대기 오염의 주범이라는 인식과 화석연료의 고갈이라는 환경적 이슈에 따라, 자연스럽게 내연기관을 대체할 수 있는 다른 기술에 대한 연구가 이루어졌다.

이와 관련하여, 자동차와는 기술적 연결성을 보이지 않았던 모터 기술과 이차전지 기술이 자동차 기술과 연결을 보이기 시작했다. 즉, 내연기관 자동차 기술에 모터 기술 또는 이차 전지 기술이 융합된 융합 기술이 세상에 등장하게 된 것이다. 이러한 융합 기술을 기초로, 하이브리드 자동차가 세상에 등장하게 됐다.

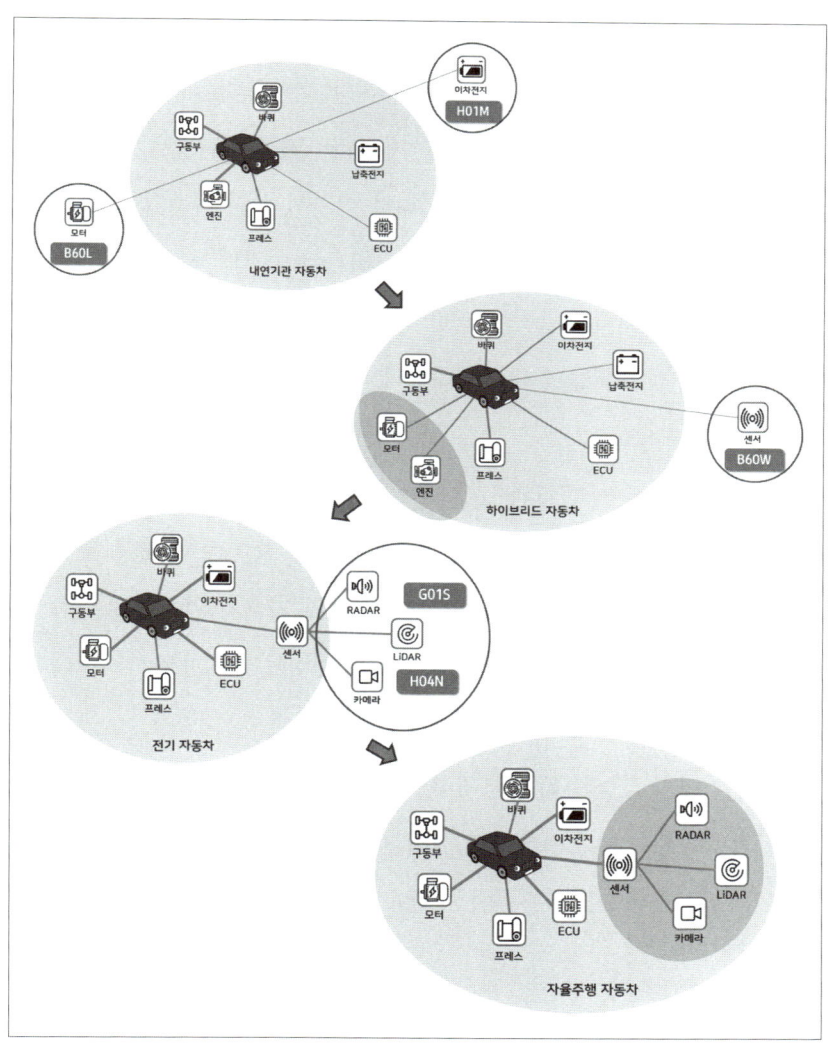

[그림 9] 자동차 분야의 기술 변화

그로부터 어느 정도의 시간이 지난 뒤, 하이브리드 자동차의 기술과 센서 기술의 연결이 등장했다. 그리고 하이브리드 자동차 기술에 센서 기술을 활용한 융합 기술이 증가하면서 전기로만 가는 전기 자동차가 세상에 등장했다. 그리고 여기서 끝이 아니었다. 전기 자동차의 센서 기술과 다양한 센서 장비들이 연결되기 시작했고 전기 자동차의 센서 기술과 다양한 센서 장비들 간의 융합 기술이 증가하면서, 센싱 값을 통해 자동으로 운행 가능한 자율주행 자동차가 등장했다.

이처럼 우리는 하나의 기술 분야에 대하여 기술의 변화 흐름을 확인함으로써, 그에 따른 비즈니스의 변화를 예측할 수 있다. 처음 내연기관 자동차와 모터 기술 및 이차 전기 기술의 연결성을 센싱할 수 있었다면, 우리는 누구보다 빠르게 하이브리드 자동차 시장에 대한 비즈니스 전략을 수립할 수 있었을 것이다.

여기까지 자동차 분야에 대해 기술 간의 연결성을 기초로 변화를 살펴봤다면, 이번에는 배터리 전해질 특허를 기초로, 특허 명세서에 쓰여있는 키워드를 활용하여 기술의 변화를 감지해 보자.

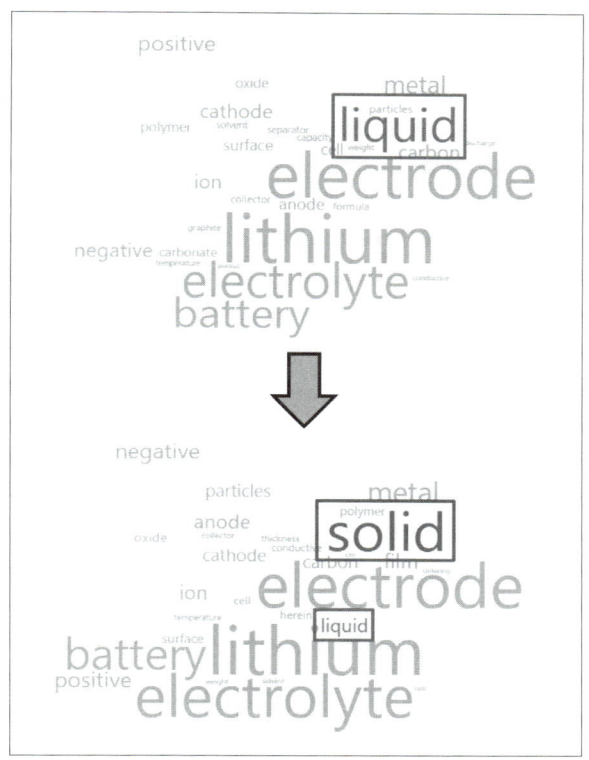

[그림 10] 배터리 전해질 분야의 기술 변화(10년 전 → 최근)

10년 전에 연구개발된 배터리 전해질 분야의 특허들을 수집하여 키워드를 분석한 결과, liquid(액체) 키워드가 매우 중요한 키워드임을 알 수 있었다. 이것은 액체로 이루어진 전해질에 대한 연구 개발이 활발했다는 것을 의미한다.

반면, 최근 3년간 배터리 전해질 분야의 특허들을 수집하여 키워드를 분석한 결과, liquid 키워드의 비중([그림 10] 상에서의 크기)은 감소하는 것으로 나타나고, solid(고체) 키워드가 과거 액체 키워드의 비중과 유사한 수준의 크기로 중요성을 보이고 있음이 확인됐다.

즉, 배터리 전해질 분야는 과거에 액체 전해질이 주요 연구 기술이었다면, 최근에는 고체 전해질로의 기술적 변화가 이루어지고 있는 것이다.

이러한 기술 변화 시그널을 다른 사람들보다 빠르게 찾아낼 수 있다면, 우리는 배터리 전해질 분야에서 다른 사람들보다 빠르게 비즈니스 전략을 수립할 수 있을 것이다.

3장

미래에 유망한 기술을 찾아라

사실 빅데이터 분석에서 모든 사람이 가장 기대하는 인사이트는 과거의 데이터를 토대로 미래를 예측하는 것이라 할 수 있다.

1장과 2장을 통해 비즈니스의 성공을 위한 필수 조건이 기술의 트렌드를 확인하는 것이며, 이러한 기술 트렌드를 특허 빅데이터를 활용하여 확인하는 방법에 대해 설명했다.

이것은 특허 빅데이터를 활용하여 과거부터 현재까지의 기술 변화를 확인하는 방법에 대해 설명했다고 볼 수 있다. 그렇다면 이제는 특허 빅데이터를 활용하여 미래에 유망한 기술이 무엇이 있는지를 함께 찾아보자.

분석 🔍 사례

최근 10년간 특허 데이터 패턴 분석으로 본, 미래 유망 기술 분야 예측

1 기술이전으로 보는 유망 기술 분야 – 의약용 제제 기술

이번 분석에서는 명확하게 기술이전이 된 특허들을 대상으로 분석을 진행했다.

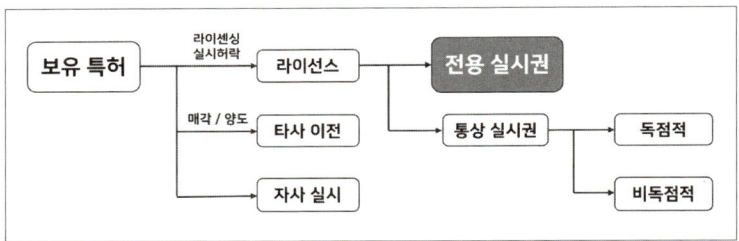

[그림 11] 보유 특허권 실시 관계

알고 있겠지만, 특허권의 실시는 위의 그림처럼 자사 실시, 타사 이전, 라이선스가 있다. 자사 실시는 말 그대로 특허를 보유하고 있는 기업(또는 개인)이 직접 특허권을 실시하는 것이다. 다음으로, 타사 이전의 경우는 타사에 특허권 자체를 양도하는 것으로, 회사의 M&A 등과 같은 경우 특허권이 양도되는 것이 여기에 속하게 된다.

마지막으로 라이선스가 있다. 라이선스는 크게 "전용 실시권"과 "통상 실시권"으로 나뉘게 되는데, 쉽게 생각하면 전용 실시권은 라이선스를 받은 기업(또는 개인)만 해당 특허를 독점적으로 실시할 수 있는 것을 의미한다. 이것은 특허권을 가지고 있는 기업도 사용하지 못하는 배타적 독점권이 부여되는 것이라 볼 수 있다. 반면에 통상 실시권은 여러 기업이 동일한 특허권을 실시할 수도 있고, 특허권자도 그 권리를 실행할 수 있다.

keywert 행정정보 보기

KR 2285958 B1 등록 락토바실러스 파라카제이 균주 및 그 용도(lactobacillus paracasei and use thereof)

서지정보

출원번호	2020-0165732 (2020.12.01)	공개번호	2020-0140224 (2020.12.15)
공고번호	(2021.08.05)	등록번호	2285958 (2021.07.29)
심사청구여부	Y	심사청구항수	4
심사청구일자	2020.12.01	최종처분내용	등록
이의신청번호			
심판번호			

이력정보

No	서류명	접수/발송일자	처리상태	접수/발송번호
1	출원인정보변경 (경정)신고서	2022.04.22	수리	412022509549081
2	등록완료안내서	2021.08.27	발송	252021102798672
3	[전용실시권]실시권(사용권) 설정등록신청서	2021.08.24	수리	212021066500308
4	[설정 특허·등록료]납부서	2021.07.29	수리	212021059847573
5	등록결정서	2021.06.21	발송처리완료	952021048655401

[그림 12] keywert 상세보기 內 행정정보 보기

특허 검색 DB인 keywert에서는 각 특허의 행정정보 보기를 통해 각 특허의 전용 실시권이 설정등록되었는지에 대한 여부를 제공하고 있다. 본 분석에서는 명확하게 기술이전이 된 특허들을 대상으로 하고자, 최근 10년간 전용 실시권이 등록된 특허들을 대상으로 분석을 진행했다.

2010년 1월부터 2021년 12월까지 출원된 특허 중, "전용 실시권"이 등록된 한국 특허는 총 8,911건이다. 해당 특허들의 IPC를 기준으로 가장 활발한 기술 분야를 도출해 보니, A61K(의약용, 치과용 또는 화장용 제제) 기술과 관련된 특허가 567건으로, 가장 많은 라이선싱(licensing)이 일어난 것으로 확인된다.

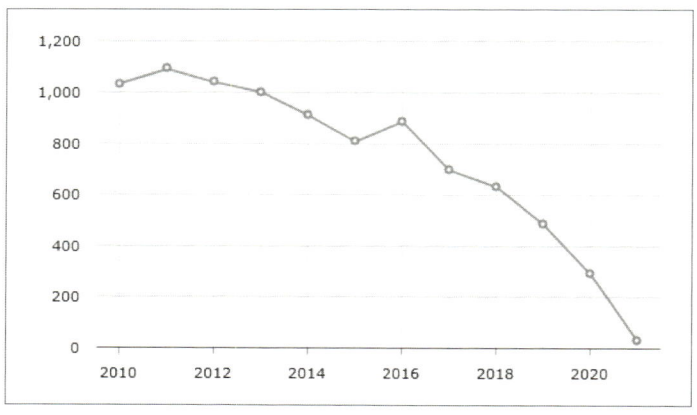

[그림 13] 전체 분석 모집단 연도별 출원 동향

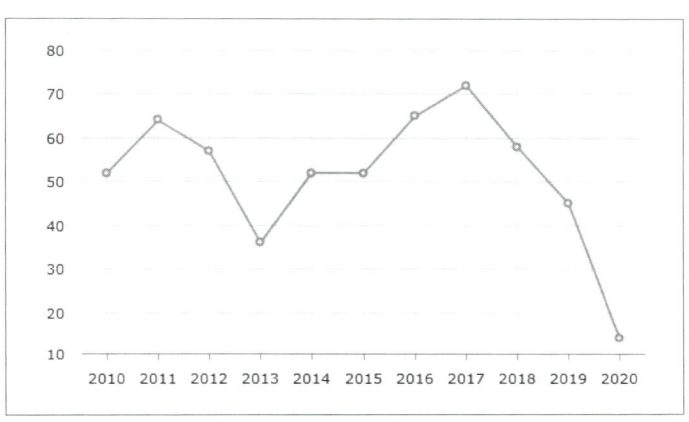

[그림 14] A61K 연도별 출원 동향

[그림 14]의 전체 분석 모집단 연도별 출원 동향과 의약용 제제 기술 관련 특허의 연도별 출원 동향을 살펴보면, 전체 모집단은 기간이 지남에 따라 라이선싱이 감소하고 있는 추세를 보이고 있는 반면, 의약용 제제 기술은 비교적 최근까지 지속적으로 라이선싱 건수가 증가한 것으로 확인된다.

기술 내의 특허에 대한 주요 기술요소들을 워드 클라우드를 통해 도출하니, [그림 15]와 같이 확인된다.

[그림 15] A61K 주요 기술요소 확인

A61K는 "의약용, 치과용 또는 화장용 제제"에 관련된 기술 분야이다. A61K에 속하는 전용 실시권이 등록된 한국 특허들을 상세히 살펴보니, 대체적으로 치료를 위한 추출물 기술로 확인되기 때문에, 의약용 제제로 기술명을 부여했다. 따라서 이하 분석에서는 지속적으로 라이선싱이 활발히 이루어지고 있는 의약용 제제 기술에 대해 상세하게 분석해 보자.

2 의약용 제제 기술 분야의 중요 기술군 패턴 분석

분석 모집단인 의약용 제제 기술은 총 567건으로, 해당 특허의 출원 연도를 이용하 4개의 구간으로 구분했다(1구간: 10년~12년, 2구간: 13년~15년, 3구간: 16년~18년, 4구간: 19년~21년).

지금부터는 제1구간에서 제3구간까지의 기술 간 연결성 변화 분석을 진행하고, 이를 기초로 제4구간의 현재 시점의 연결성 상태에서 향후에 어떻게 변화될지 예측해 보자.

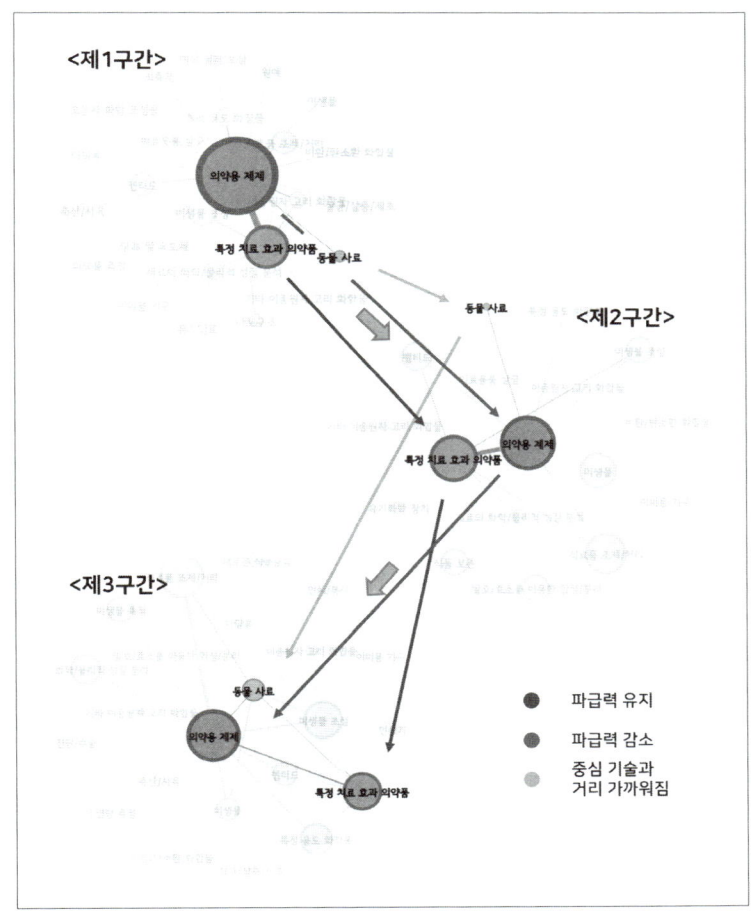

[그림 16] 제1구간~제3구간 기술 간 연결성 변화 분석 시각화

위의 그림과 같이 제1구간에서 제3구간까지 기술 간의 연결성 변화를 보면, 크게 3개의 패턴 유형을 확인할 수 있다.

① 파급력이 점점 감소하는 기술군 유형(노드(원)의 크기가 작아짐)
② 파급력이 지속적으로 유지되는 기술군 유형(노드(원)의 크기가 일정 크기를 유지함)
③ 파급력이 증가하는 기술군 유형(노드(원)의 크기가 커지거나, 중심 기술과의 거리가 가까워짐)

본 기술 분야에서 흥미 있는 부분으로는, 중심 기술인 의약용 제제 기술의 파급력이 점점 감소하면서, 주변의 다른 기술군들이 새롭게 등장하거나, 기존에 있던 기술군들의 파급력이 커지고 있다는 점이다. 즉, 본 기술 분야의 핵심 기술로 보이는 의약용 제제 기술의 직접적인 연구보다는, 이를 이용해 확장되는 기술들에 대한 연구가 상대적으로 활발해지면서, 의약용 제제 기술의 파급력이 상대적으로 감소한 것으로 해석할 수 있다.

이제는 특정 기술군들을 이용하여 보다 상세한 패턴 분석을 통해 최종적으로 미래에 기술이전이 활발하게 이루어질 기술 분야를 예측해 보자.

3 미래에 기술이전이 증가할 기술 분야는? (피부 개선 화장품 분야)

그렇다면, 미래에는 어떠한 기술 분야가 기술이전이 더욱 활발히 이루어질까?

결론부터 이야기하면, 의약용 제제 기술 분야와 관련해서는 "피부 개선을 위한 화장품/화장료 조성물(이하 피부 개선 화장품)" 관련 기술이 향후 3년 이내에서 활발한 기술이전이 있을 것으로 예측된다.

이에 대한 근거는 아래와 같다.

① (근거 1) 중심 기술과 가까워짐
② (근거 2) 노드의 파급력이 증가
③ (근거 3) 새로운 기술적 클러스터를 형성

활발한 기술 이전이 이루어질 것으로 판단되는 "피부 개선 화장품"의 관련 기술군인 A61Q(특정 용도 화장품)의 기간별 트렌드 변화를 살펴보면, 다음과 같은 결과를 알 수 있다.

① (근거 1 기반) 제2구간부터 제4구간 사이에서 점점 중심 기술과 가까워지고 있음
② (근거 2 기반) 제2구간부터 제4구간에서 노드의 파급력이 증가하고 있음(원의 크기가 커지고 있음)

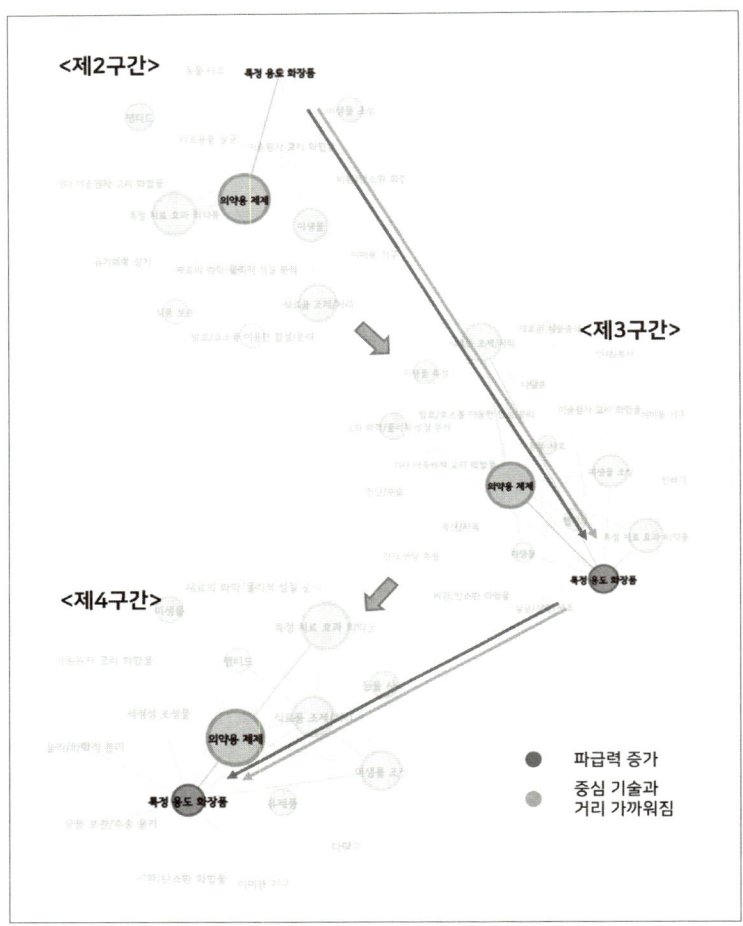

[그림 17] 전체 구간 피부 개선 화장품 기술 연결성 변화 분석 시각화

추가로, [그림 17]과 같이 최근 구간에서 "피부 개선 화장품" 관련 기술군을 중심으로 시각화 자료를 구성해 보았다. 이를

통해, 다음의 내용들에 대해 알 수 있다.

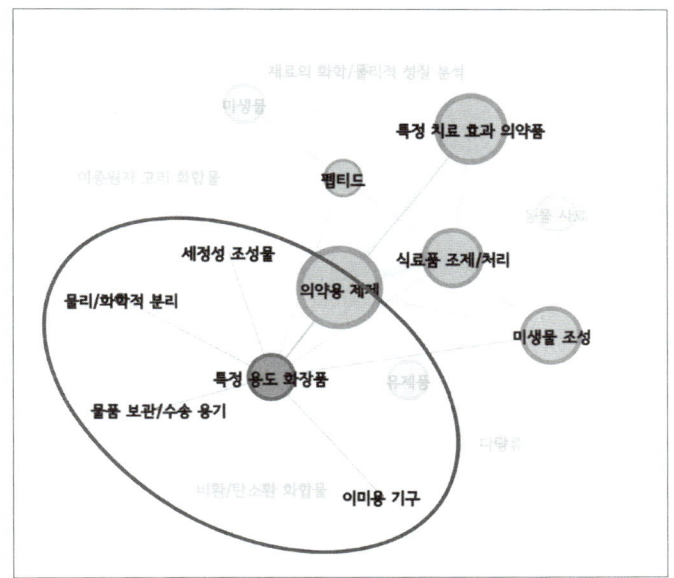

[그림 18] 2019~2021년 해당 기술 분야 네트워크 분석 시각화

③ (근거 3 기반) 물품 보관/수송 용기 기술군, 이미용기구 기술군, 세정성 조성물 기술군, 물리/화학적 분리 기술군들과 함께 하나의 새로운 클러스터를 형성

즉, 앞선 3개의 근거에 모두 부합하는 기술적 네트워크를 형성하고 있기 때문에, "피부 개선 화장품" 기술이 미래에 기술이전이 활발히 이루어질 것으로 예측할 수 있다.

위의 근거 ①~③은 과거 10년간의 기술이전 데이터를 통해 도출된 근거인데, 이러한 근거들이 어떤 이유에서 도출되었는지 조금 더 상세히 살펴보자.

4 과거 데이터를 통해 확인한 기술이전 증가 기술 분야의 데이터 패턴 도출

패턴1 중심 기술과 가까워지는 패턴 도출

파급력이 증가하는 기술군은 노드(원)의 크기가 커지면서, 중심 기술과의 거리가 가까워지는 패턴을 보인다.

[그림 19]에서 보이는 바와 같이 동물 사료 관련 기술의 경우, 중심점과의 거리가 가까워지고, 노드(원)의 크기가 커지는 패턴을 보이고 있기 때문에, 다음 구간에서도 관련 연구가 지속될 가능성이 높다고 볼 수 있다.

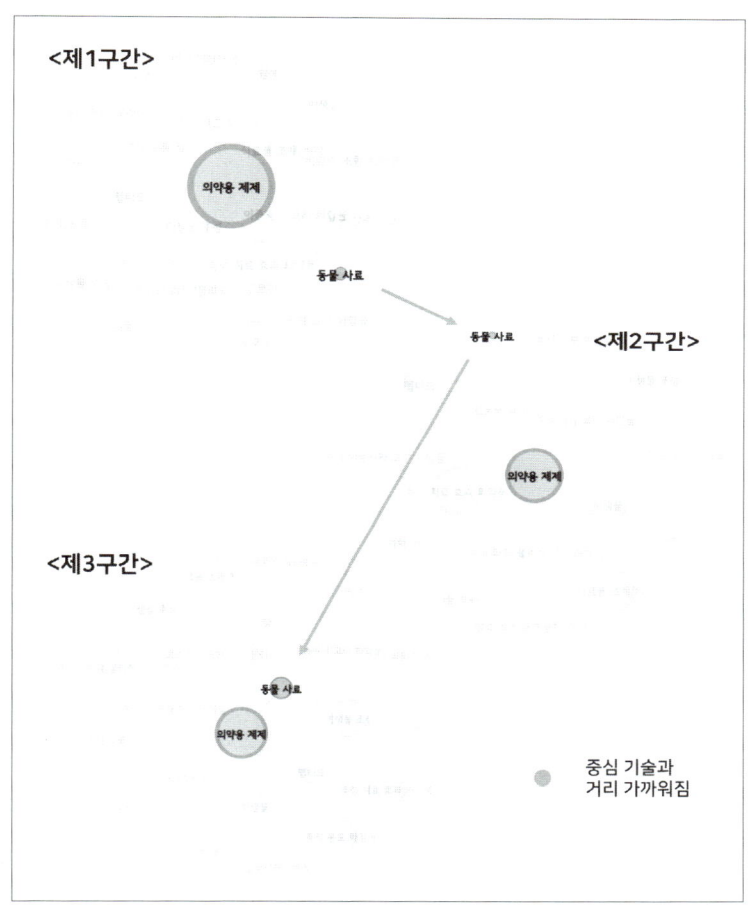

[그림 19] 제1구간~제3구간 기술 간 연결성 변화 분석 시각화

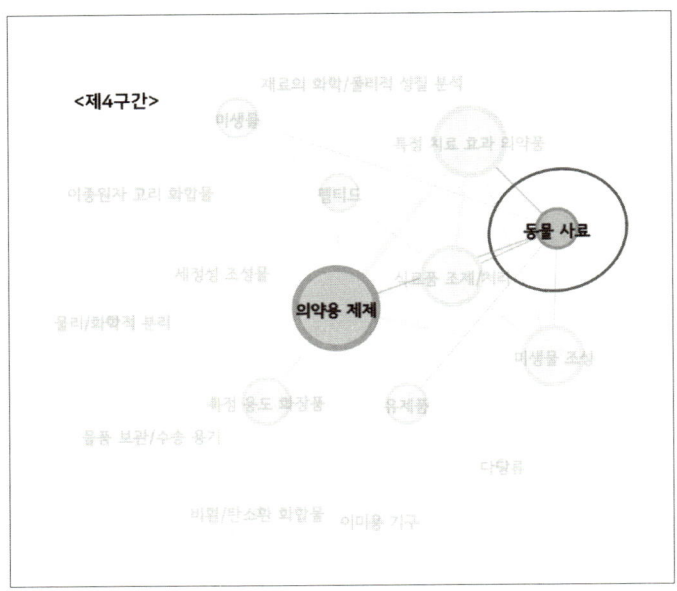

[그림 20] 2019~2021년 해당 기술 분야 네트워크 분석 시각화

　최근 구간에서의 특허를 이용하여 확인해 봤을 때에도, 동물 사료 기술군은 노드의 크기가 더 커지고 있음이 쉽게 확인된다. 이러한 패턴 분석을 통해, 제2구간, 제3구간에서 처음 등장한 기술군이 제4구간 그리고 미래에는 파급력이 증가할 것으로 예상할 수 있으며, 기술이전이 될 가능성이 높은 기술군이라고 예측할 수 있다.

패턴2 과거에 존재했던 기술 분야의 최근 파급력 증가 패턴 도출

과거부터 존재했던 기술군이었으나, 특정 구간부터 파급력이 증가하는 패턴이 확인된다.

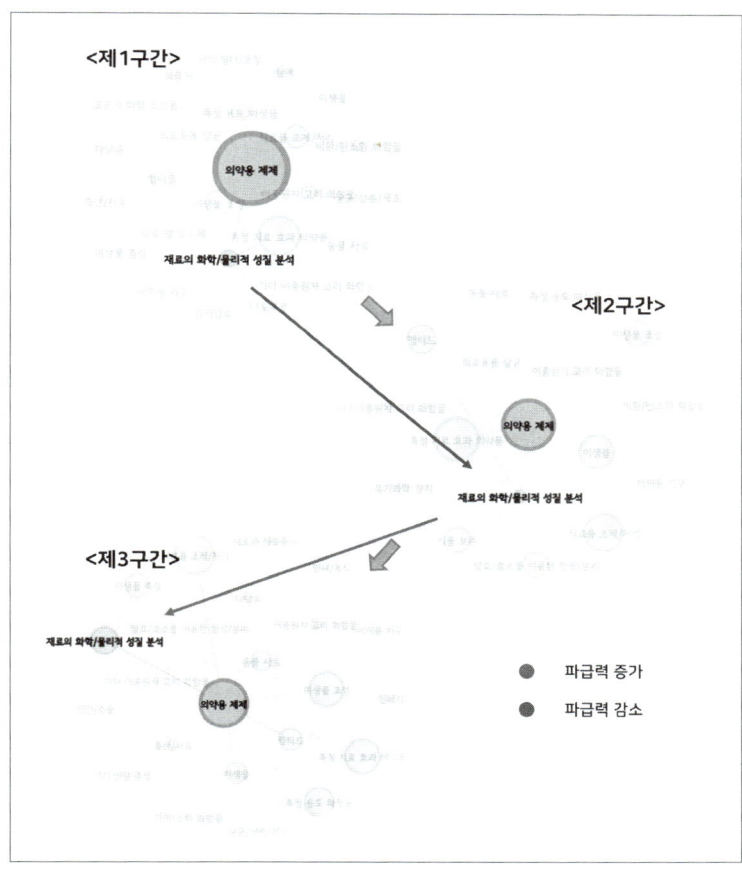

[그림 21] 제1구간~제3구간 기술 간의 연결성 변화 분석 시각화

[그림 21]에서 보이는 바와 같이, "재료의 화학/물리적 성질"은 제1구간에서 존재했으며, 제2구간에서는 파급력이 감소(즉, 원의 크기가 작아짐)했다. 하지만 제3구간에 들어서면서는 파급력이 급격히 증가하는 것을 볼 수 있다.

이때, 단순히 원의 크기만 커지는 것이 아니라, 다른 기술군들과의 연결성이 증가하는 패턴이 함께 확인된다.

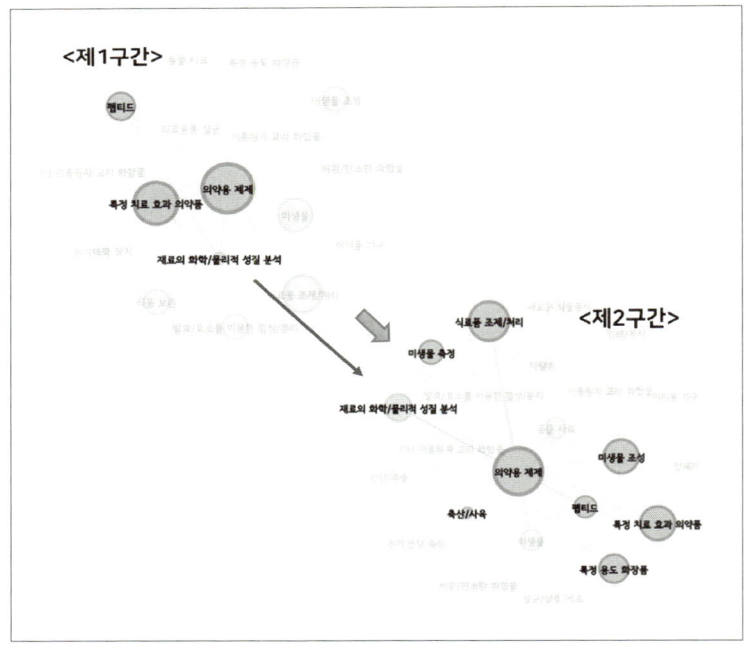

[그림 22] 제2구간 및 제3구간 기술 간의 연결성 변화 분석 시각화

제2구간에서의 특정 용도 화장품 기술군은 3개의 기술군과의 연결만 있었던 반면, 제3구간에 들어서면서 노드의 크기가 커지고 다른 많은 기술군과도 연결이 되는 것을 확인할 수 있다.

즉, "재료의 화학/물리적 성질" 기술군은 다른 기술군과의 연결을 통해 기술적인 변화가 있었고, 그러한 변화를 기반으로 기술이전이 다수 진행된 것으로 분석된다. 따라서 이와 유사한 패턴을 보인다면 향후에 급격한 기술이전이 진행될 가능성이 높을 것으로 예측할 수 있다.

패턴3 새로운 기술적 클러스터 형성 패턴 도출

중심 기술과의 강한 네트워크를 구성했던 기술군이었으나, 시간이 지남에 따라 중심 기술과의 거리는 멀어지며, 다른 기술군과의 강한 네트워크 형성을 통해 새로운 기술적 클러스터를 형성하는 기술군에 대한 패턴이 확인된다.

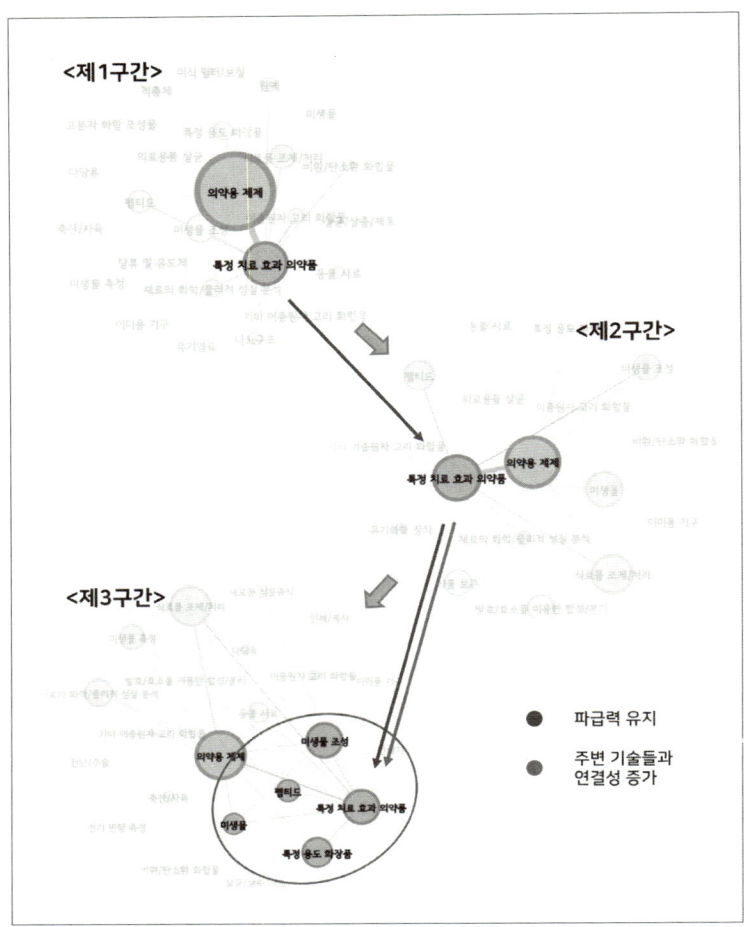

[그림 23] 제1구간~제3구간 기술 간의 연결성 변화 분석 시각화

A61P(특정 치료 효과 의약품; 이하 특정 질병 치료 의약품) 기술군은 수면 치료, 비만 치료, 관절염 치료 등 다양한 특정 질병을 치료하기 위한

기술들이 포함된 기술군이다. 이러한 "특정 질병 치료 의약품" 기술군은 제1구간 및 제2구간에서 의약용 제제 기술군과 강한 연결성을 보이며 노드의 크기를 유지하고 있는 모습을 보인다.

다만 제3구간에 들어서면서 중심 기술인 의약용 제제 기술군과의 거리는 멀어지는 반면, 주변에 다른 기술군들과의 연결은 강해지면서, 파급력을 유지하는 패턴을 보인다.

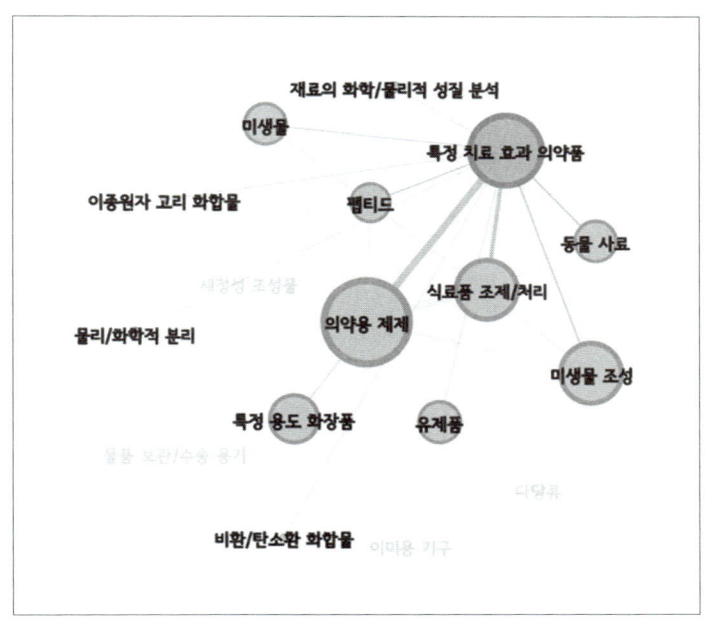

[그림 24] 2019~2021년 해당 기술 분야 네트워크 분석 시각화

더구나 최근 구간에서는 중심 기술군인 의약용 제제 기술군과 노드의 크기가 거의 유사해지면서, 그 외의 다양한 기술군들과 연결성이 더 증가하는 모습을 보이며, 파급력이 매우 증가한 것을 알 수 있다.

즉, 이러한 패턴 분석을 통해 특정 기술군이 다른 기술들과의 연결성을 가지고 하나의 클러스터를 형성함으로써, 해당 클러스터들에 속하는 특허들이 전체적으로 기술이전이 될 가능성이 높아진다는 것을 알 수 있다. 따라서 과거 10년의 특허전용실시권 데이터를 통해 기술이전이 활발하게 이루어지게 되는 패턴들을 도출하였고, 도출된 패턴들을 근거로 향후 3년 이내에는 "피부 개선 화장품" 기술군의 기술이전이 활발히 이루어질 것으로 예측할 수 있다.

Memo

3
특허 빅데이터 활용법 in 기업 분석

1장 ——
기술의 경쟁력을 비교하라

2장 ——
경쟁사와의 비교를 통해 차별성을 찾아라

3장 ——
경쟁사를 집중적으로 들여다보아라

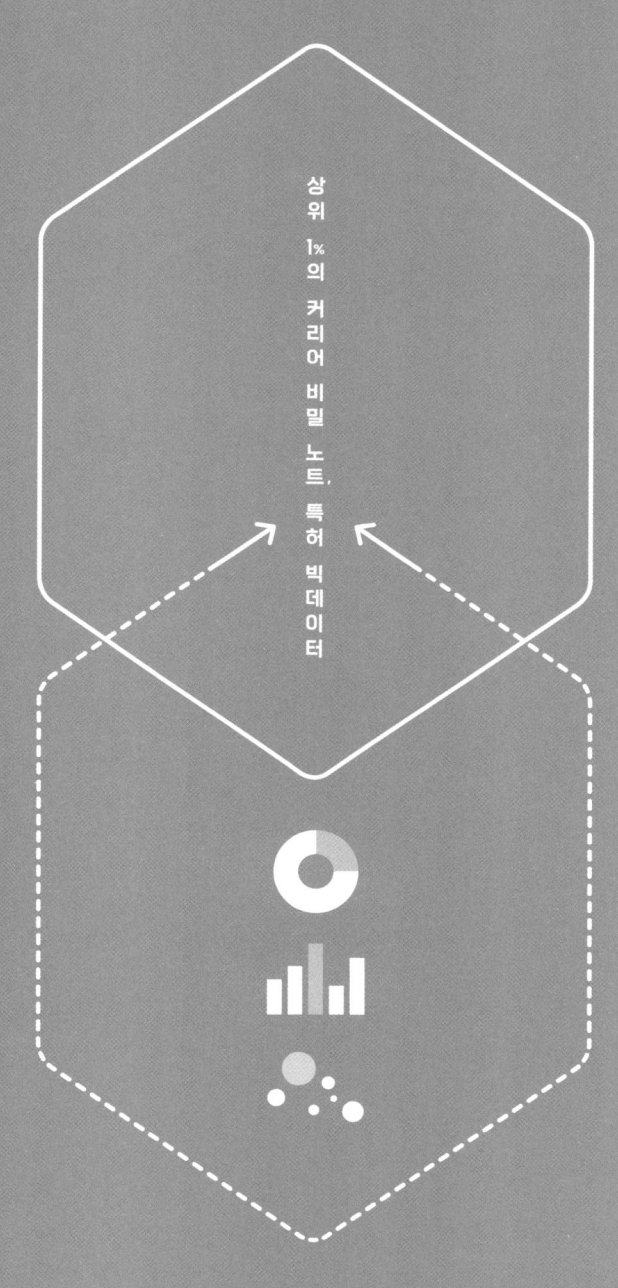

1장

기술의 경쟁력을 비교하라

기술의 경쟁력이 곧 비즈니스의 경쟁력이라는 말을 부정할 사람은 없다. 그렇기 때문에 많은 기업이 기술력을 높이기 위한 연구개발에 큰 비용을 투자하고 있다. 더 나아가서는 좋은 기술, 다른 기업이 따라 하기 힘든 기술력을 갖춘 기업을 돈을 주고 사기도 한다.

이 말을 다른 각도에서 보면, 내가 속한 회사의 기술력이 다른 기업의 기술력보다 높다면, 내가 속한 기업은 세계 최고의 기업이 될 수 있을 것이라는 말로도 볼 수 있다.

상위 1%의 전문가들은 이러한 관점에서의 비즈니스 방향을 제시하는 사람들이다.

조금 더 풀어서 이야기하자면, 상위 1%의 전문가들은 내가 속한 회사의 기술이 어떠한 위치에 있고, 무엇이 부족하며, 어떠한 부분을 채워야지만 비즈니스에서 우위를 점할 수 있는지를 확인하고, 이를 해결하기 위한 방법을 제시함으로써, 기업의 가치, 그리고 자신의 가치까지 올리는 사람들이다.

그렇다면 내가 속한 기업의 경쟁력은 어떻게 확인할 수 있을까? 지금부터 특허 빅데이터를 활용하여 기술의 경쟁력을 확인하는 방법을 백색가전 기술 분야의 예시를 통해 설명하겠다.

분석 사례

白색 가전 시대에서, 100색 가전 시대를 연 LG, 삼성, 그리고 히든 기업은 어디일까?

세계적으로 코로나가 장기화되면서 '집콕[1]'하는 시간들이 늘어나게 되었다. 이에 따라, 집에서 사용하는 가전제품에 대한 관심도가 높아졌는데 그중에서도 특히 밀접한 관계가 있는 백색가전에 대한 수요가 늘었다.

1　'집에 콕 박혀있다'의 신조어

최근 한국 업체인 LG전자와 삼성전자의 백색가전제품이 미국 시장에서 큰 인기를 끌고 있다. LG전자는 최근 미국에서 세계 백색가전 시장 전통 강자인 미국의 Whirlpool을 제치고 소비자 만족도 1위를 차지했다.

이처럼 한국 업체의 해외 시장 진출이 활발하게 이루어지고 있기 때문에 본 분석에서는, 최근 10년간 미국에 출원된 백색가전 특허 데이터를 통해 주요 기업들 사이 LG전자 및 삼성전자의 역량을 분석해 보겠다.

1 분석 대상 기술 분야 선정(백색가전 모집단 확보)

본 예시에서는 최근 10년간 미국에 출원된 특허 중 냉장고, 세탁기, 에어컨(이하 백색가전이라 함)에 대한 특허를 모집단으로 분석을 진행한다.

2 최근 10년간 미국 시장에서의 출원인 국적별 백색가전 특허 확보 능력 분석(미국 기업과 한국 기업의 이파전)

최근 10년간 미국 백색가전 국가별 확보 능력 그래프에서는 한국 기업이 미국 기업 다음으로 높은 점유율을 가지고 있는 것으로 나타난다. 이것은 미국 백색가전 시장에서는 한국 기업이 백색가전 기술에 대한 특허를 폭넓게 선점하고 있는 것으로 분석된다.

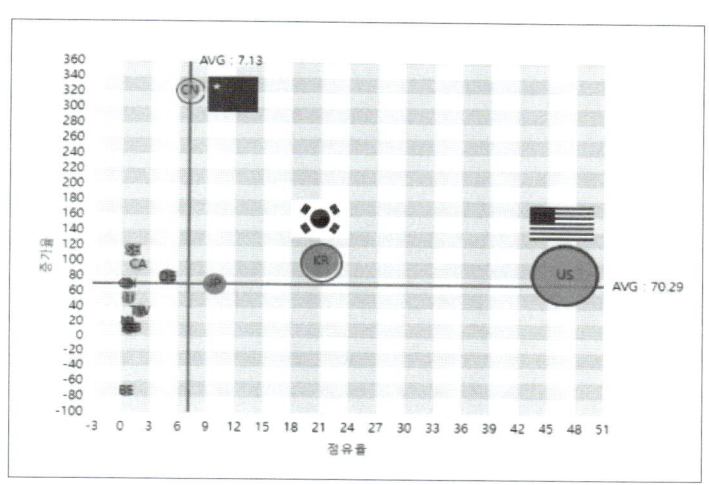

[그림 25] 모집단 대상 특허 확보 능력 분석 그래프

추가적으로 중국 기업의 경우, 증가율이 타 국가 기업에 비해 월등히 높은 수치를 나타내고 있으나, 점유율은 평균 수준인 것으로 나타난다. 이것은 중국 기업의 경우, 미국 백색가전 시장에서 비교적 최근 특허 활동이 활발하게 이루어지고 있는 것으로 해석된다.

그렇다면 최근 10년간 미국 백색가전 시장을 견인하고 있는 주요 기업은 어디일까?

3 출원 건수 중심의 최근 10년간 미국 백색가전 기업 TOP 20

(여기서 왜 Google이 나와?)

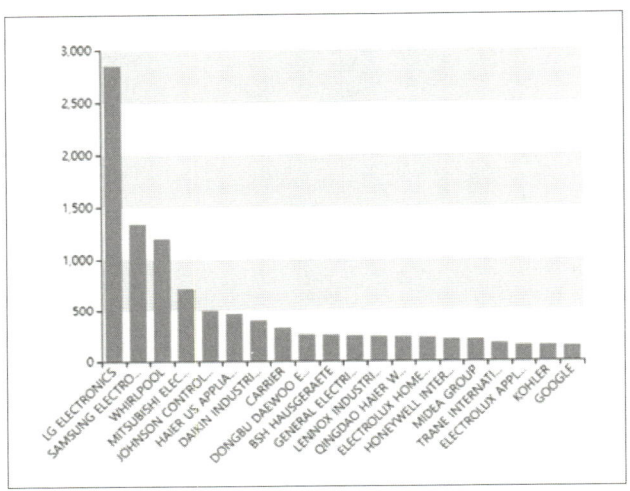

[그림 26] 최근 10년간 미국 백색가전 기업

출원 건수 데이터를 기초로 분석 시에, 백색가전에 대한 주요 기업은 1위 LG전자, 2위 삼성전자, 3위 Whirlpool로 확인된다. 여기서 신기한 점은 미국 최대 가전제품 제조 기업인 Whirlpool을 제치고 국내 기업인 LG전자와 삼성전자가 미국 특허 건수 1, 2위를 차지하고 있다는 것이다. 이것은 LG전자와 삼성전자가 미국 시장에 진출하여 적극적으로 활동 중인 것으로 분석되며, 미국의 백색가전 분야를 선점하기 위한 특허 활동이 활발하게 이루어지고 있다고 볼 수 있다.

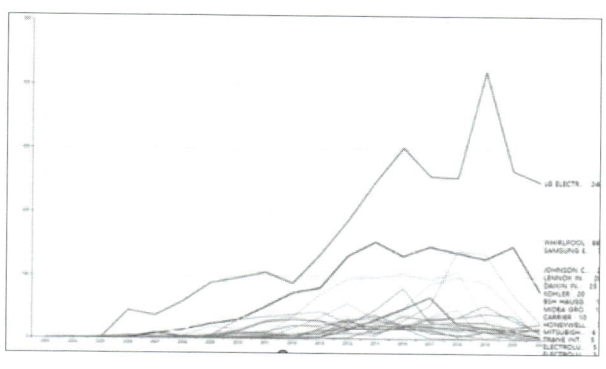

[그림 27] 기업별 연도별 출원 건수

　추가로 LG전자의 연도별 특허 동향을 살펴본 결과, 다른 출원인들에 비해 압도적으로 높은 건수를 매년 출원하고 있는 것으로 확인된다. 특히 2012년 이후에는 출원건수가 큰 폭으로 증가하여 다른 출원인들과의 격차가 확연하게 벌어진 것으로 나타난다. LG전자의 미국 진출이 눈에 띄게 활발해지고 있는 것으로 확인된다.

　2위인 삼성전자의 경우, 3위를 차지하고 있는 Whirlpool의 특허 동향과 유사하게 증가하고 있는 것으로 확인된다. 그렇다면 LG전자와 삼성전자는 단순히 특허 건수만 높은 것일까?

4 특허 품질 데이터를 활용한 주요 기업 분석(Google의 특허적 역량)

　[그림 28]의 그래프와 같이 주요 기업별 특허평가등급 분포를 살펴본 결과, 1위~3위에 위치한 LG전자, 삼성전자, Whirlpool이 A등

급 이상의 특허를 다수 보유하고 있는 것으로 확인된다. 이것은 A등급 이상의 특허를 10건 이상 보유한 기업들을 살펴보았을 때 차이가 한눈에 나타난다.

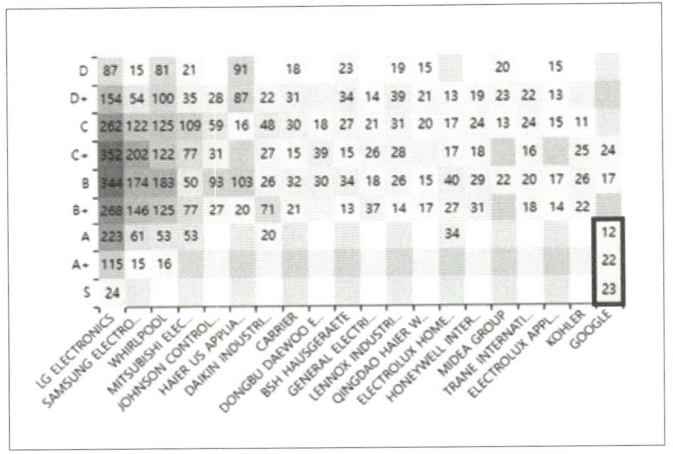

[그림 28] 주요 기업별 특허평가등급 분포

여기서 특이한 점은 세계적인 ICT 기업인 Google이 A등급 이상의 특허를 다수 보유하고 있는 주요 기업으로 나타난다는 것이다. 관련해서 Google의 기술을 살펴본 결과, IOT 기술 기반의 havc(냉, 난방, 공조 시스템) 제어 시스템에 관한 기술들을 보유하고 있는 것으로 확인된다. 그렇다면 주요 기업들 간의 기술력 차이는 어느 정도이며, 미국에서 어느 정도 점유율을 가지고 있을까?

5 TOP 20 기업의 기술력과 시장확보력 분석

(Google의 기술이 도대체 뭐길래?)

앞선 분석으로 도출된 LG전자, 삼성전자, Whirlpool 및 Google을 위주로 특허의 지수 데이터를 활용한 비교 분석을 진행했다.

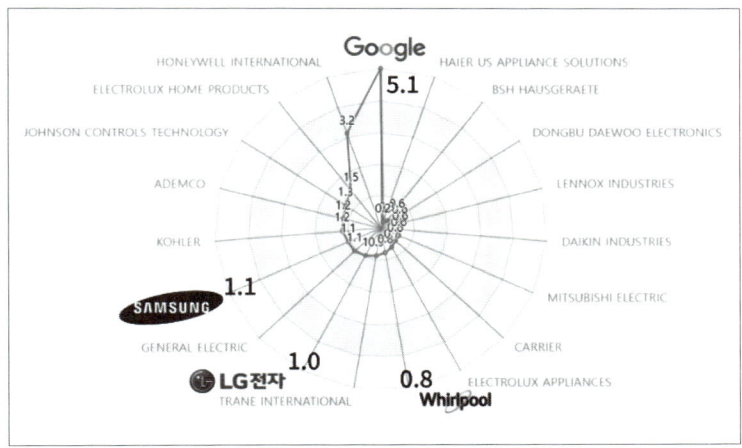

[그림 29] 주요 기업별 기술력 그래프

주요 기업별 기술력 그래프를 확인한 결과, Google이 타 기업 대비 압도적인 수치로 1위를 차지하고 있는 것으로 확인된다. 이는 백색가전의 기술력만을 보았을 때, Google이 압도적이며 혁신적인 기술 확보에 주력하고 있는 것으로 분석될 수 있다.

LG전자와 삼성전자의 경우, 주요 기업들 중 중상위권에 위치하고 있는 것으로 나타난다. 이것은 백색가전에 대한 기술력에 있어서, 타 기업 대비 높은 수준으로 백색가전의 혁신적인 기술 확보에 노력하고 있는 것으로 분석된다.

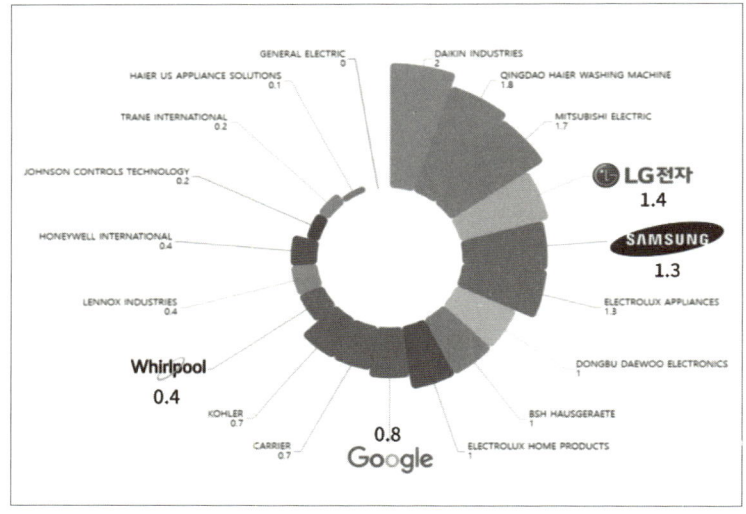

[그림 30] 주요 기업별 시장확보력 그래프

주요 기업별 시장확보력 그래프에서는 기업들 간의 시장확보역량을 확인할 수 있다. 즉, 해당 그래프에서는 기업들 간의 시장확보역량을 상대적으로 비교하고, 기업별 세계시장 진출 척도를 확인할 수 있다.

주요 기업별 시장확보력 그래프를 확인한 결과, LG전자와 삼성전자가 상위권에 위치하고 있으며, Google과 Whirlpool은 중위권에 위치하고 있는 것으로 확인된다.

즉, 백색가전 시장 확보를 위해 LG전자와 삼성전자의 적극적인 활동을 확인할 수 있는데 반해, Google 및 Whirlpool은 비교적 소극적인 활동을 하고 있다. 이것은 Google 및 Whirlpool은 내수시장이 주가 되어 시장 활동이 이루어지고 있다고 분석된다.

6 백색가전 히든 기업 분석 결과

그럼 이제 시장확보력 교차 그래프를 통해, 앞서 분석한 주요 기업별 기술력 및 시장확보력 기준으로 작성된 그래프로 관련 기술 분야 시장에서 주요 기업들의 역량을 비교 분석해 보자.

주요 기업들을 살펴본 결과, LG전자와 삼성전자는 기술력이 평균적인 수준이나, 이는 Google로 인해 상대적으로 낮게 평가된 것일 뿐 다른 기업들에 비해서는 높은 기술력을 보유하고 있다고 분석될 수 있다. 특히 LG전자 및 삼성전자는 평균 이상의 높은 시장확보력을 가지고 있기 때문에 백색가전 업계에서 선도적인 위치에 있다고 분석된다.

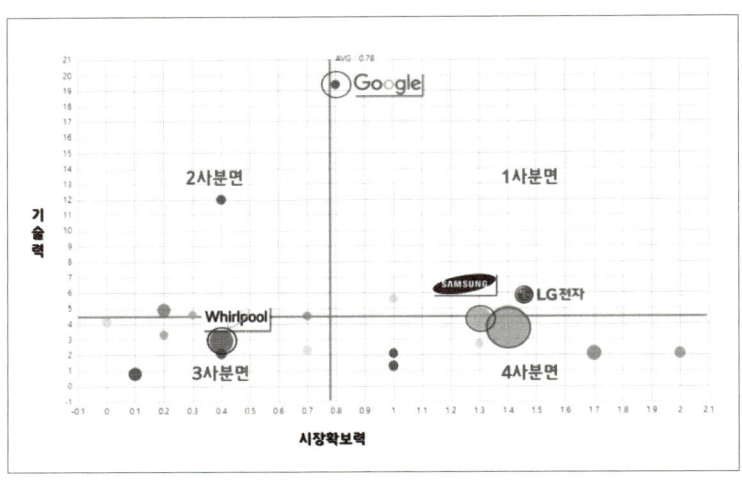

[그림 31] 주요 기업별 기술력-시장확보력 교차 그래프

    Google의 경우, 백색가전 분야의 압도적인 기술력을 바탕으로 새로운 원천 기술 확보에 주력하고 있는 것으로 확인된다. 다만, 시장확보력이 평균적인 수준으로 확인된다.

    즉, Google은 보유하고 있는 IOT 기술을 백색가전에 접목함으로써, 기술적인 완성도를 높이고 원천 기술을 확보하는 방향으로 특허 활동이 이루어지고 있다. 이를 통해 백색가전 업계에 새로운 기술의 지평을 열고 있으나, 아직 해당 기술력을 바탕으로 한 Google 제품의 시장 확보가 미흡한 상태인 것으로 분석된다.

    Whirlpool의 경우, LG전자, 삼성전자와 비슷한 기술력을 보여주고 있으나, 시장확보력에 있어서 평균 이하 수준으로 나타난다. 즉,

Whirlpool의 기술적 수준은 타 기업 대비 높은 것으로 보이나, 백색가전 시장 확보가 저조한 상태인 것으로 분석된다.

추가적으로 1사분면에 ELECTROLUX HOME PRODUCTS가 위치하고 있는 것이 확인됐다. 해당 기업은 앞선 분석에는 언급되지 않았으나, 주요 기업별 기술력-시장확보력 교차 그래프에서 추출된 기업으로 기술력 및 시장확보력이 평균 이상인 것으로 확인된다. 즉, ELECTROLUX HOME PRODUCTS는 시장에서는 알려지지 않았으나 기술적 파급력과 상업적 가치가 큰 기술을 보유하고 있는 기업으로 분석된다.

2장

경쟁사와의 비교를 통해
차별성을 찾아라

앞서 1장에서는 기술 분야 내에서 여러 기업들의 비교 분석을 통해 새로운 인사이트를 도출해 보았다. 사실 이처럼 여러 기업을 한 번에 분석하는 것은 넓은 범위의 분석으로 이루어질 수밖에 없다.

이러한 부분들을 해소하고자, 기업들은 자신들의 사업 영역에서 가장 경쟁력이 큰 기업 또는 우리와 경쟁구도가 형성되어 있는 기업을 비교 분석하곤 한다.

보통 2개의 기업 간 경쟁력을 비교할 때에는 다양한 데이터를 활용한다. 기업의 규모, 매출액, 사업영역, 핵심 기술이 무엇인지 등 다양한 데이터를 통해 비교 및 분석하여 앞으로의 비즈니스에 어떻게 대응해 나가야 할 것인지를 결정한다.

여기서 기업의 핵심 기술을 서로 비교하기 위한 데이터로는 특허 빅데이터를 활용할 수밖에 없다. 왜냐하면 특허 빅데이터가 너무 명확하며 객관적으로 2개 기업의 핵심 기술을 비교 분석할 수 있는 데이터이기 때문이다.

그럼 지금부터는 특허 빅데이터를 활용하여 네이버와 카카오의 핵심 기술을 비교해 보자.

분석 🔍 사례

네이버 vs. 카카오, 두 기업의 공통 핵심 기술은? 그리고 차별화 point는?

1 대한민국 양대 빅테크 기업 네이버와 카카오, 불가피한 맞대결?

우리나라 빅테크(Big Tech; 대형정보기술기업) 기업하면, 단연 네이버와 카카오를 떠올릴 것이다. 빅테크란 인터넷 플랫폼을 기반으로 사업이 운영되는 거대 IT 산업군을 총칭하는 말로, 회사의 플랫폼이 있고 소셜미디어를 기반으로 운영된다는 특징이 있다.

이러한 네이버와 카카오의 주요 사업 영역을 비교하면 다음과 같다.

	NAVER	kakao
플랫폼	네이버(포털), 라인(메신저)	Daum(포털), 카카오톡(메신저)
금융	네이버페이, 네이버파이낸셜	카카오뱅크, 카카오페이, 증권, 손보
커머스	네이버쇼핑	카카오커머스
웹툰/웹소설	네이버웹툰	카카오엔터테인먼트
구독경제	프리미엄콘텐츠	구독ON
클라우드 블록체인	네이버클라우드, 클로바, 라인	카카오엔터프라이즈

[그림 32] 네이버 vs. 카카오 사업 영역 비교

네이버와 카카오의 주요 사업 영역을 비교해 보니, 주요 사업 분야에서 유사한 서비스들을 제공하고 있는 것으로 확인된다. 이렇게 유사한 서비스를 제공하고 있는 네이버와 카카오가 모두 중요하게 생각하는 기술 분야는 어떤 분야이고, 해당 기술 분야에서의 네이버와 카카오는 각각 어떠한 기술을 독자적으로 가지고 있을까?

이번 장에서는 네이버와 카카오의 보유 특허를 기반으로,

① 공통 연구 개발 분야를 도출하고,

② 공통 연구 개발 분야에서 두 기업이 모두 중요하게 생각하는 주요한 기술요소가 무엇인지 확인하며,

③ 주요한 기술요소 기반의 각 기업별 차별 기술요소에는 어떤 것이 있는지 분석해 봄으로써,

두 기업이 다양한 서비스를 사용자에게 제공하기 위해 독자적으로 보유하고 있는 기술이 무엇인지를 특허 빅데이터를 통해 확인해 보겠다.

2 특허 빅데이터로 도출되는 두 기업의 공통 연구 개발 분야는?
(카카오와 네이버의 핵심 기술은 "데이터 처리 기술")

본 분석에서는 각 기업이 2010년부터 현재까지 출원한 특허 중, 공개/등록된 특허를 대상으로 했다. 그 이유는 크게 두 가지로, 하나는 IT 분야의 기술순환주기(TCT)를 봤을 때, 현재로부터 10년 이전의 특허들을 살펴봄으로써 최근의 기술들을 도출하여 비교하는 것이 바람직하다고 판단했다. 다른 하나는, 카카오가 11주년이 막 되었다는 점에서, 2010년 이전 구간의 특허들을 비교하는 것은 본 분석의 목적(두 기업의 공통 연구 개발 분야 도출)에서 벗어날 가능성이 높다고 판단했다.

두 기업의 공통 연구 개발 분야를 특허 분석을 통해 도출하기 위하여, 분석 대상 특허들의 IPC를 기반으로 중심성 분석을 진행했다. 앞서 설명한 바와 같이, 하나의 특허에는 1개 이상의 IPC가 부여되며, 특허에 기재된 기술적 특징의 다양성에 따라 복수의 IPC가 부여

되기도 한다.

복수의 IPC를 가지고 있는 경우, 복수의 IPC 간의 조합을 통해 IPC 간의 연계성을 도출할 수 있다. 예를 들어, 1개의 특허에 A, B, C, D라는 4개의 IPC가 부여된 경우, A-B, A-C, A-D, B-C, B-D, C-D와 같이 IPC 간의 연계성을 도출할 수 있다는 것이다.

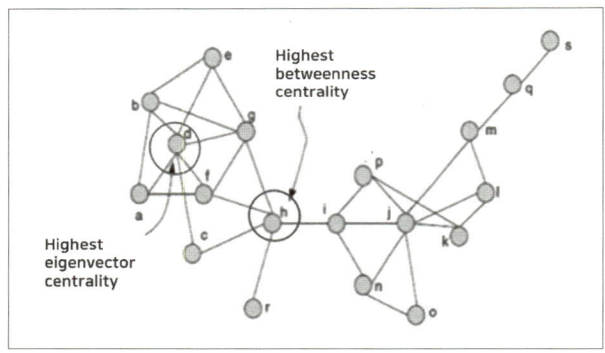

[그림 33] IPC 기반 중심점 분석 예시

분석 대상 특허들을 대상으로 IPC 간의 연계성을 도출하여 시각화를 하면, [그림 33]의 h, d와 같이 IPC 간의 연결에 있어서 중요한 위치에 있는 IPC를 중심성 분석을 통해 확인할 수 있다. 중심성 분석이란, 각각의 노드가 얼마나 중요한 노드인지를 수치적으로 나타내는 알고리즘 기반의 분석이다.

<표 2> 네이버 중요 IPC

No.	IPC	기술명
1	G06F	디지털 데이터 처리
2	G01C	사진/영상을 이용한 거리/수평/방위 측정
3	H04N	화상통신
4	G06T	이미지 데이터 처리

<표 3> 카카오 중요 IPC

No.	IPC	기술명
1	G06Q	예측 데이터 처리
2	G06F	디지털 데이터 처리
3	G06T	이미지 데이터 처리

중심성을 기반으로, [그림 33]의 h와 d처럼 중요 위치에 있는 네이버의 주요 IPC를 추출한 결과, G06F(디지털 데이터 처리), G01C(사진/영상을 이용한 거리/수평/방위 측정), H04N(화상통신) 및 G06T(이미지 데이터 처리)가 도출되었다.

다음으로, 동일한 방식으로 카카오의 주요 IPC를 추출한 결과, G06Q(예측 데이터 처리), G06F(디지털 데이터 처리), G06T(이미지 데이터 처리)가 도출되었다.

중요 기술로 도출된 기술 분야를 통해 공통 연구 개발 분야를 확인해 보니, G06F(디지털 데이터 처리) 및 G06T(이미지 데이터 처리)가 도출되었다.

즉, 네이버와 카카오는 각 기업이 진행하는 다양한 사업의 근간 기술로 "데이터 처리 기술"을 공통으로 연구개발하고 있음을 특허 빅데이터 분석을 통해 알 수 있다.

3 공통 연구 분야에서 두 기업 모두 중요하게 생각하는 주요 기술요소는?(키워드와 콘텐츠가 중요해)

앞선 중심점 분석을 통해, 네이버와 카카오가 "데이터 처리 기술"을 공통 연구개발하고 있음을 확인했다. 그렇다면 네이버와 카카오 모두 "데이터 처리 기술"에서 중요하게 생각하는 기술요소에는 무엇이 있을까?

[그림 34] 네이버 중요 기술요소

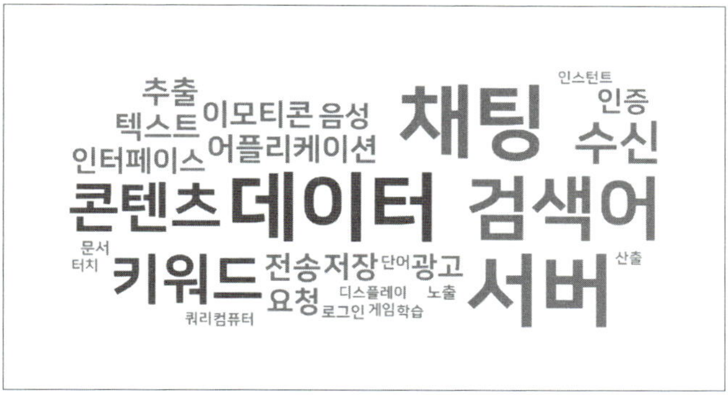

[그림 35] 카카오 중요 기술요소

    두 기업의 "데이터 처리 기술"에 포함된 모든 특허들을 대상으로 워드 클라우드 분석을 진행한 결과, "데이터", "키워드", "콘텐츠" 등의 동일한 기술요소가 한번에 확인되었다. 공통 연구개발 분야가 "데이터 처리 기술"이기 때문에, "데이터" 기술요소는 당연히 동일하게 도출된 기술요소로 판단된다.

    하지만 "키워드"와 "콘텐츠"는 특허 빅데이터 분석을 하기 전까지 데이터 처리 기술 분야에서 도출될 것이라 예상하지 못했던 기술요소임에도 불구하고, 두 기업이 모두 해당 기술 분야에서 큰 비중(키워드의 크기가 큰)을 차지하고 있는 주요 기술요소로 확인되었다.

    즉, 특허 빅데이터의 활용을 통해서 네이버와 카카오는 "데이터 처리 기술"에서 "키워드"와 "콘텐츠"에 관련된 기술을 주요 기술요소로 하고 있음을 알 수 있다.

4 주요 기술요소 기반의 기업별 차별 기술요소는?

그렇다면 두 기업이 보유하고 있는 특허들에서, 중요 기술요소인 "키워드"와 "콘텐츠"와 관련된 주변 기술요소들도 동일할까?

이를 확인하기 위해 GloVe 기법을 특허 빅데이터에 적용하여, 주요 기술요소에 대한 주변 기술요소들이 어떻게 변했는지를 확인해 보고 네이버와 카카오의 차별 기술요소를 도출했다.

분석을 수행하기 전에 GloVe(Global Vectors for Word Representation) 분석에 대해서 간단히 설명하면 다음과 같다. GloVe 분석은 카운트 기반과 예측 기반을 모두 사용하는 방법론으로 각 문서에서의 각 단어의 빈도수를 카운트하고, 단어들 간의 잠재된 의미를 확인하고 예측하여 키워드들 간의 연관성을 확인할 수 있는 분석이다.

특허 빅데이터를 기준으로 보다 쉽게 설명하면, 각 기술요소를 점으로 표현하고, 하나의 그림에 각 점을 표시함으로써, 기술요소들 간의 거리 변화를 통해 연관성을 확인할 수 있는 분석 기법이다.

4-1 "키워드"와 연관된 기업별 차별화 기술요소 분석

그렇다면 기업별로 "키워드"라는 주요 기술에 대하여 2011년, 2015년, 2019년의 주변 기술요소 변화를 확인함으로써, "키워드"와 관련된 주변 기술요소가 무엇이 있는지 확인해 보자.

<표 4> 네이버 "키워드" 주변 기술요소

연도	주변 키워드	중심 키워드 : 키워드
2011	광고, 규칙	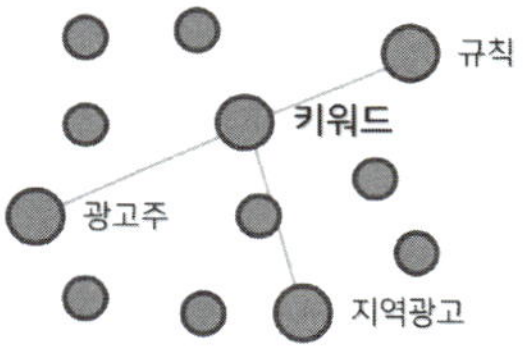
2015	실시간, 급상승, 관심사, 광고, 노출	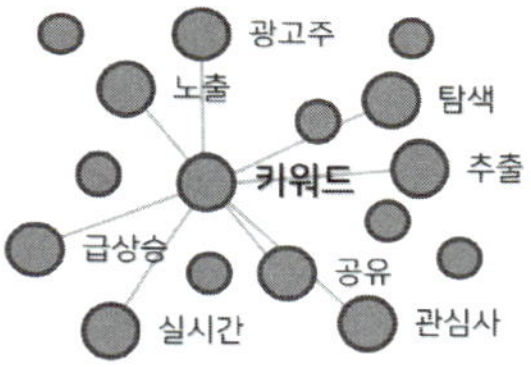
2019	동의어, 사전, 코사인, 그래프, 관계	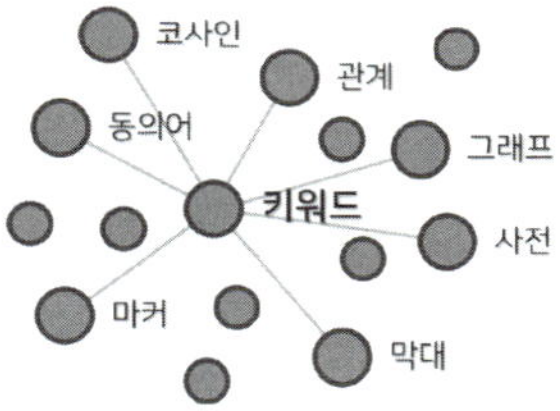

<표 5> 카카오 "키워드" 주변 기술요소

연도	주변 키워드	중심 키워드 : 키워드
2011	계정, 회원, 태그, 지인	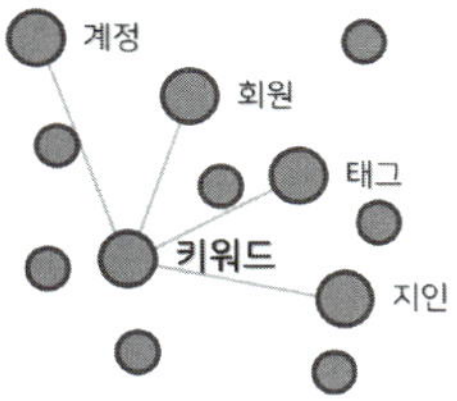

3부 특허 빅데이터 활용법 in 기업 분석 103

연도	주변 키워드	중심 키워드 : 키워드
2015	메시징, 차별, 필터, 선정, 인스턴트	(키워드 중심 네트워크: 인스턴트, 선정, 필터, 메시징, 차별)
2019	하이라이트, 시각, 밑줄, 로직	(키워드 중심 네트워크: 로직, 딕셔너리, 식별자, 하이라이트, 시각, 밑줄)

먼저 네이버의 주요 기술요소인 "키워드" 관련 주변 기술요소를 살펴보면, 2011년과 2015년에 광고에 대한 기술요소를 통해 "플랫폼 상에서 광고를 노출하기 위한 기술"이 주변 기술로 확인되며, 2015년에는 실시간, 급상승과 같은 기술요소를 통해 "실시간 검색어, 급상승 검색어 제공 기술"이 주변 기술로 확인된다. 이후 2019년에는 동의어, 사전, 코사인 등의 기술요소를 통해 "키워드와 동일/유사 단어 확인을 위한 기술"이 주변 기술인 것으로 확인된다.

다음으로 카카오의 주요 기술요소인 "키워드" 관련 주변 기술요소를 살펴보면, 2011년에 계정, 회원, 태그, 지인 등의 기술요소를 통해 "지인/회원을 태그하기 위한 기술"이 주변 기술로 판단된다. 2015년에는 메시징, 차별, 필터 등의 기술요소를 통해 "키워드를 통해 메시지를 검색하고, 이를 다르게 표시하는 기술"이 주변 기술일 것으로 판단되며, 마지막으로 2019년의 하이라이트, 시각, 밑줄 등의 기술요소를 통해 "주요 키워드의 시각적 효과"와 관련된 주변 기술들이 연구개발된 것으로 확인된다.

즉, 네이버와 카카오는 동일한 "키워드"라는 중요 기술요소를 가지고 있기는 하나, 그 주변 기술은 서로 다른 점이 명확히 확인된다. 구체적으로 네이버는 검색포털이 메인 플랫폼인 만큼 동의어, 사전, 코사인 등을 통한 동일/유사 단어 확인 기술이 카카오와는 다른 차별 기술요소인 것으로 분석된다. 또한 카카오는 메신저가 메인 플랫폼인 만큼 메신저 상에서의 시각적 효과를 사용자에게 제공하는 기술이 네이버와는 다른 차별 기술요소인 것으로 분석된다.

4-2 "콘텐츠"와 연관된 기업별 차별화 기술요소 분석

먼저 네이버의 주요 기술요소인 "콘텐츠" 관련 주변 기술요소를 살펴보면, 2011년에는 변조, 배포, 재등록에 대한 기술요소를 통해 "사이트 상에 콘텐츠를 배포하는 기술"이 주변 기술로 확인된다. 2015년에는 업로드, 드롭, 마크, 연관의 기술요소를 통해 "콘텐츠를 업로드/다운로드하는 기술"이 주변 기술인 것으로 판단되며, 마지막으로 2019년의 만화, 웹툰, 소설, 공부, 음원 기술요소를 통해 "콘텐츠 제작 및 배포 기술"이 주변 기술인 것으로 판단된다.

<표 6> 네이버 "콘텐츠" 주변 기술요소

연도	주변 키워드	중심 키워드 : 콘텐츠
2011	음성, 변조, 배포, 재등록	
2015	업로드, 드롭, 마크, 연관	
2019	만화, 웹툰, 소설, 공부, 음원	

<표 7> 카카오 "콘텐츠" 주변 기술요소

연도	주변 키워드	중심 키워드 : 콘텐츠
2011	메신저, 전달, 온라인, 대화, 중계	전달, 콘텐츠, 메신저, 중계, 온라인, 프로필, 대화
2015	만화, 소설, 영상, 포스팅	포스팅, 콘텐츠, 만화, 소설, 영상
2019	음질, 스트리밍, 노래, 멀티미디어	노래, 콘텐츠, 음질, 멀티미디어, 스트리밍, 아티스트

 다음으로 카카오의 주요 기술요소인 "콘텐츠" 관련 주변 기술요소를 살펴보면, 2011년에는 메신저, 전달, 온라인 등의 기술요소를 통해 "메신저를 기반으로 콘텐츠를 공유하는 기술"이 주변 기술로 확인된다. 2015년에는 만화, 소설, 영상, 포스팅의 기술요소를 통해 "콘텐츠 제작 및 배포 기술"이 주변 기술인 것으로 보이며, 2019년에는 음질, 스트리밍, 노래, 멀티미디어 등의 기술요소를 통해 "영

상/음성/음악 공유 및 배포 기술"이 주변 기술인 것으로 확인된다.

즉, 네이버와 카카오는 동일한 "콘텐츠"라는 중요 기술요소에서 일부 유사한 주변 기술이 확인된다. 예를 들어 "콘텐츠를 제작 및 배포하는 기술"은 양사에서 모두 주요하게 판단하는 주변 기술요소인 것으로 분석된다. 다만 네이버는 검색포털이 메인 플랫폼인 만큼 "콘텐츠의 업로드/다운로드 기술" 등이 차별 기술요소인 것으로 확인된다. 반면, 카카오는 메신저가 메인 플랫폼인 만큼 "콘텐츠의 공유 기술"이 차별 기술요소인 것으로 확인된다.

즉, 위의 모든 분석들을 종합하면 두 기업은 모두 "키워드"와 "콘텐츠"라는 중요 기술요소를 기반으로 자신들의 플랫폼을 통해 사용자에게 서비스를 제공하기 위한 주변 기술요소를 연구개발하고 있는 것을 알 수 있다.

5 네이버와 카카오, 비슷한 듯 다른 기술적 차이는 메인 플랫폼의 차이

네이버와 카카오는 중요 기술요소는 동일하나, 사용자에게 서비스하는 주요 플랫폼이 다르다는 점에서 주변 기술요소들 간의 차이가 발생됨을 알 수 있다.

네이버의 경우 검색포털이 메인이기 때문에, 사용자의 검색 키워드에 대응하는 동의/유사어 도출 기술이나, 콘텐츠 업로드 다운로드 기술 등 포털 플랫폼에서의 사용성을 향상시키기 위한 기술이 차별 기술요소인 것으로 확인되었다.

카카오의 경우, 메신저가 메인인 만큼 사용자 간에 온라인 대화 상에서의 단어 표시, 콘텐츠 공유 기술 등 메신저 상에서의 사용성을 향상시키기 위한 기술이 차별 기술요소인 것으로 확인되었다.

즉, 두 기업 모두 각자의 주요 플랫폼을 통해 사용자에게 최적의 사용 환경을 제공하기 위한 목적을 기반으로 연구개발이 이루어졌음을 알 수 있다.

3장

경쟁사를 집중적으로 들여다보아라

지금까지 특허 빅데이터를 활용하여 기술 분야에 대한 트렌드와 경쟁사들 간의 비교 방법에 대해 알아보았다. 그럼 이제는 조금 더 세부적으로 특허 빅데이터를 활용하여 하나의 기업을 분석해 보자.

특허 빅데이터를 활용하여 기업을 분석해야 하는 이유는 명확하다. 첫째, 해당 기업의 기술 개발 방향을 확인할 수 있다는 것과 둘째, 해당 기업이 보유하고 있는 기술로 어떠한 비즈니스에 집중해야 할지, 새롭게 진출할지 등을 예측할 수 있기 때문이다.

기업 분석을 통해 위의 두 가지를 확인함으로써, 우리는 해당 기업의 방향에 대비한 비즈니스 전략을 수립할 수 있을 것이다.

[그림 36] 2021년 7월 카카오 신산업 예측 및 관련 기사

[그림 37] 카카오 T 펫 서비스

그리고 이 예측은 정확하게 들어맞았다. 카카오는 2022년 3월 카카오 T 펫의 정식 서비스를 시작했다.

다음 '분석 사례'에서는 2021년 7월 필자가 어떻게 특허 빅데이터를 활용해서 2022년에 카카오의 애견 이송 서비스를 할 것으로 예측했는지에 대해 설명하겠다. 그리고 2022년에 새롭게 공개된 카카오의 특허 데이터 분석을 통해, 카카오의 다음 신산업은 무엇인지 예측해 보자.

분석 사례

10년간 급격히 성장한 카카오의 신산업 분야는?

1 카카오의 지난 10년, 카카오의 지식 재산 전략은 M&A!

카카오는 10년 동안 지속적으로 성장한 대기업이다. 메신저인 카카오톡과 포털 사이트인 Daum을 비롯해 다양한 서비스를 제공하는 IT 기업으로, 현재 자회사로는 카카오게임즈, 카카오뱅크, 카카오페이, 카카오모빌리티 등이 있다. 이러한 다양한 서비스를 제공하는 카카오는 과연 얼마나 많은 특허를 보유하고 있을까?

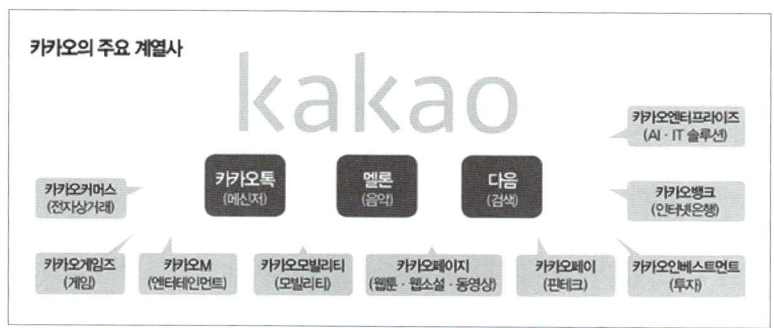

[그림 38] 카카오 주요 계열사

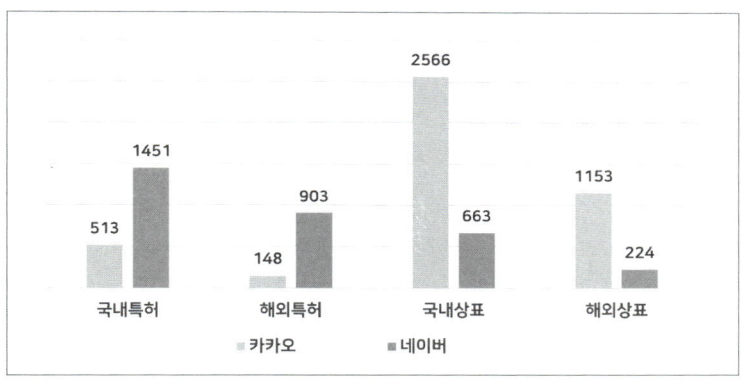

[그림 39] 카카오/네이버 보유 지식재산 건수 비교

    카카오의 2021년도 1분기 사업보고서에 따르면 2021년 3월 31일 기준으로, 보유 국내외 특허 수는 각각 513건과 148건으로 총 661건이며, 상표권은 국내외 각각 2,566건, 1,153건으로 총 3,719건이다. [그림 39]의 그래프를 참고하면, 네이버가 카카오에 비해 약 3.5배

정도 보유 특허 건수가 많은 것을 알 수 있다. 반면, 상표권은 카카오가 네이버보다 약 4.2배 정도 더 많이 보유하고 있다. 즉, 카카오는 대기업 그리고 IT 기업임에도 불구하고 특허의 건수보다 상표의 건수가 많다는 것을 알 수 있다.

또한 보유 특허들의 원출원인(최초 출원인)을 기초로 분석해 본 결과, 카카오의 또 다른 특징으로는 새로운 분야에 사업을 진행 시, 내부적인 연구개발은 물론이며, 관련 기업 또는 개인의 보유 특허를 매입하는 전략을 사용한 것으로 확인된다.

즉, 카카오는 카카오톡 기반으로 구축된 인프라를 기초로 다양한 사업영역으로 사업을 확장하였으며, 내부 연구개발은 물론이고, 적극적인 관련 기업 인수 및 특허 매입을 통해 기술력을 확보하고, 독보적인 브랜드 네임을 통해 각 사업 영역에서 카카오만의 색을 입혀 사업을 유지 및 성장시키는 전략을 사용하고 있는 것으로 판단된다.

2 특허 빅데이터로 분석한 카카오의 주요 기술은 현재 중요한 사업 영역과 100% 일치

이미 알고 있겠지만, 비즈니스를 영위함에 있어서 특허 확보는 매우 중요한 일이다. 카카오 역시 사업을 위한 중요 기술에 대해서는 당연히 특허를 확보하고 있다. 따라서 카카오가 보유하고 있는 특허들을 분석한다면 카카오가 어떠한 사업분야와 어떤 기술들을 연구개발했는지 쉽게 파악이 가능하다.

[그림 40] 카카오 보유 특허 기술 분류 결과

카카오의 보유 특허들이 어떠한 비즈니스에서 활용되는 기술들인지를 확인하기 위하여, 보유 특허에 LDA(Latent Dirichlet Allocation) 토픽 모델링을 적용했고, 이를 통해 카카오가 보유한 보유 특허들을 자동으로 기술 분류했다. 그 결과 아래와 같이 8개의 비즈니스 분야로 구분됨을 알 수 있다.

① **카카오톡**(채팅 관련 기술) – 채팅, 참여, 오픈, 프로필, 계정, 친구, 통화 메시징, 말풍선
② **카카오톡/다음**(광고 관련 기술) – 광고, 키워드, 노출, 순위, 검색어
③ **카카오페이** – 송금, 결제, 요청, 납부, 권리, 인증
④ **카카오뱅크** – 계좌, 신분증, 은행, 토큰
⑤ **카카오게임** – 게임, 아이템, 플레이어, 이벤트, 플레이
⑥ **카카오톡**(이모티콘) – 이모티콘, 감정, 콘텐츠, 표현, 동영상, 동적
⑦ **카카오맵/카카오택시/카카오드라이브** – 경로, 학습, 택시, 운행, 회차, 승객, 배차
⑧ **엔터분야**(골프, 음악, 방송) – 골프, 촬영, 음악, 방송

① ~ ⑧의 사업분야는 관련 키워드의 빈도수 순으로 정렬된 것으로, 카카오톡 관련 기술이 가장 많은 비중을 차지하고 있으며, 다음으로 페이와 뱅크, 게임, 모빌리티, 엔터 분야 순으로 확인된다.

즉, 카카오가 보유한 특허를 기반으로 자동 기술 분류 및 키워드 빈도수에 따른 연구개발 비중 분석을 통해, 카카오가 중요하게 생각하는 사업영역과 주요 계열사들에 대해서 쉽게 도출할 수 있다.

3 특허 빅데이터를 활용한 카카오의 성장 동력 분야(사업 확장 분야) 도출

사실 카카오 같은 경우는 국내에서 손에 꼽히는 IT 기업이기 때문에 새로운 시장에 진입하면 바로 관련 기사가 올라와, 카카오의 신사업분야를 쉽게 찾을 수 있다. 하지만 구체적으로 어떠한 기술들을 기반으로 신사업에 진입하는지는 특허를 통해서만 알 수 있다.

아래에서는 카카오의 보유 특허 전체 풀을 기반으로, 카카오가 신규로 진입한 사업영역들을 도출해 보겠다. 아래와 같은 분석을 응용한다면 카카오뿐만 아니라 다양한 기업(특히, 경쟁사)의 연구개발 흐름 및 사업 영역 확장 흐름을 쉽게 파악할 수 있다.

3-1 10년간 카카오가 신규 진입한 사업 영역 도출

카카오의 신규 사업을 분석하려면 전체 보유 특허를 시계열적으로 분석하는 방법을 떠올릴 것이다. 하지만 특허 빅데이터에 SNA (Social Network Analysis) 분석을 적용한다면, 꼭 보유 특허를 시계열적으로 분석하지 않아도 쉽게 신규 사업영역을 도출할 수 있다. 신규 사업이라 함은 아무래도 기존의 보유 기술들을 기반으로 진행되기 때문에 SNA 분석 결과 외곽에 위치되는 노드일 가능성이 크기 때문이다.

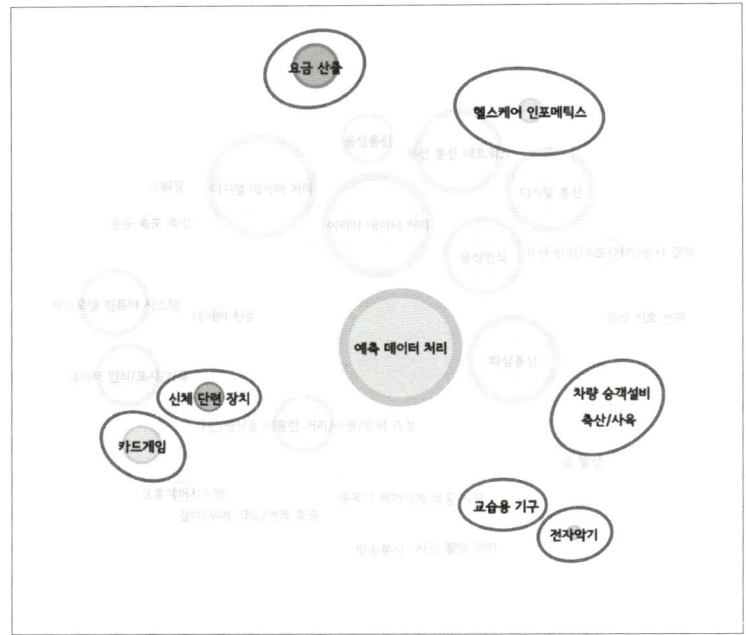

[그림 41] 카카오 2010년부터 2021년 출원 특허 SNA 분석

[그림 41]을 보면, "요금 산출", "헬스케어 인포메틱스", "신체단련 장치", "전자악기", "차량 승객 설비, 축산/사육" 같은 외곽에 위치한 노드들을 쉽게 확인할 수 있다. 이러한 노드는 각각 카카오

의 신규 사업 영역일 것이고, 해당 노드에 속한 특허들을 살펴봄으로써, 카카오의 신규 사업 영역 및 주요 기술들을 쉽게 확인할 수 있다.

① "차량 승객 설비, 축산/사육" 노드의 경우, 해당 노드에 관련된 특허를 찾아보니 "애완동물용 차량 시트커버"에 관한 기술임이 확인된다. 즉, 1,500만 반려 인구 시대에 맞게 애견과 함께 이동할 수 있는 애견 모빌리티 분야로 사업 영역을 확장하고 있음을 알 수 있다.

② "신체 단련 장치" 노드를 살펴보니, "스크린 골프", "골프 연습기", "골프 플레이 난이도 산출"에 관한 기술임이 확인된다. 즉, 최근에 런칭한 "카카오 골프"와 관련된 기술임을 알 수 있다.

③ "헬스케어 인포메틱스" 노드의 관련 기술로는 "메신저 인증 기반의 전자처방전 발급" 기술과 "진료비 허위/부당 청구 예방 시스템"에 관한 기술들이 확인된다. 이러한 기술들을 기초로, 카카오가 의료 분야에 진출할 가능성도 확인할 수 있다.

④ "교습용 기구" 노드의 관련 기술로는 "어학 스피킹 수업 관리 방법", "학습 제공 방법"이 확인된다. 이러한 기술들을 통해 카카오가 교육 분야에도 진출할 것이라고 판단할 수 있다.

⑤ "요금 산출" 노드도 외곽에 위치하여 신규 사업으로 판단된다. "요금 산출" 노드는 예상대로, 카카오모빌리티와 관련이 높은 노드이다.

3-2 2021년 신규 진입 사업 영역에 대한 카카오의 전략

앞서 카카오는 신규 사업 분야에 진입 시, 관련 기업 또는 개인의 보유 특허를 매입하는 전략을 사용한다고 말했다. 확인한 결과, 약 38건의 특허가 타 기업/개인의 출원 특허로 확인되었다.

<표 8> 카카오 매수 특허 리스트 일부

특허번호	원출원인	매수일	매수인	기술요약
102125642	박나라	20210331	카카오모빌리티	애견 이송
101998125	나투스핀	20210331	카카오모빌리티	애견 이송
101481956	김태성	20200716	카카오모빌리티	주차
102007431	스마트솔루션	20200504	카카오페이	자동이체 등
101959903	마이티웍스	20190918	카카오	스피커
101407227	조길연	20180116	카카오브이엑스	골프
101312456	버즈피아	20151021	카카오	AI

또한, 신규 진입 사업의 확장에 따라 자회사로 관련 특허의 권리를 재양도하고 있음이 추가로 확인된다.

<표 9> 카카오 매수 특허 재양도 리스트 일부

특허번호	원출원인	매수일	매수인	양도일	양도인	기술요약
101406031	록앤올 주식회사	20160202	카카오	20170719	카카오 모빌리티	내비
101235694	다이알 로이드(주)	20150512	카카오	20200709	카카오 엔터프라이즈	AI

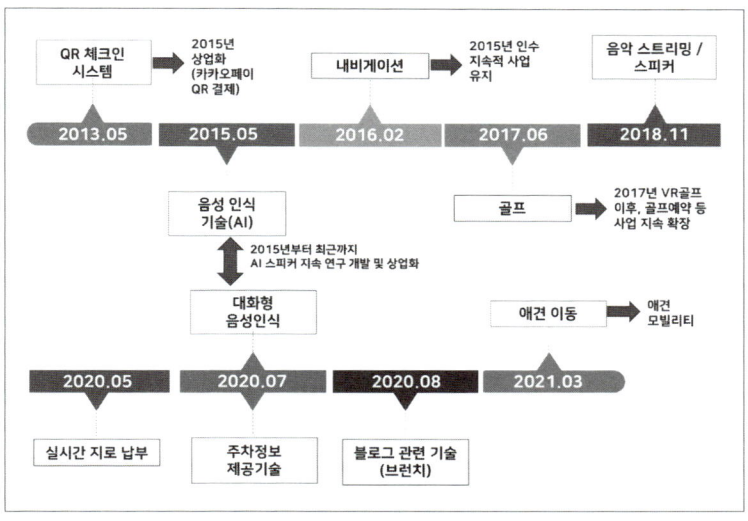

[그림 42] 카카오의 매입 특허와 비즈니스의 관계도

이를 통해 카카오는 신규 사업에 진입할 때, 관련 특허를 매입하고 사업이 확장됨에 따라 자회사를 꾸려 해당 특허를 양도함으로써 지속적으로 권리를 가져가고 있는 것으로 분석된다. 그렇다면 카카오가 매입한 특허들과 카카오의 신규 사업의 진입과는 어떠한 관계가 있을까?

매입 연도를 기준으로 크게 2020년 이전과 2020년 이후로 구분해 보면, 2020년 이전에는 각 신규 사업 진입 전 또는 신규 사업 진행 중에 관련 특허를 매입하여 사업을 유지 및 확장하고 있는 것으로 확인된다. 예를 들어 카카오가 골프 분야에 진출한 2017년에 관련 특허를 매입하였고, 현재까지 관련 사업을 확장하고 있다. 또한, 2013년 QR 체크인 시스템을 이용해 카카오페이의 QR 결제를 개발했고, 이러한 기술을 바탕으로 카카오페이의 사업 확장이 이루어지고 있다.

따라서 카카오가 2020년 이후 매입한 특허들을 자세히 살펴보면, 향후 카카오가 어떠한 사업에 진출할 것인지 예상할 수 있다. 위의 그림에서 2020년 이후를 살펴보면, 실시간 지로 납부와 관련된 기술, 주차정보 제공 기술 및 애견 모빌리티 기술에 대하여 특허 매입이 있었음을 알 수 있다. 아직 진입하지 않은 영역들에 대해서는 매입한 특허를 기초로 사업 영역을 확장할 것으로 예상된다. 또한 실시간 지로 납부, 블로그 관련 기술 등과 같이 이미 진행된 사업 영역에 대하여, 2020년에 특허 매입을 했다는 점에서 사업을 확장시킬 것으로 예상된다.

4 2022년 카카오가 진출할 신산업은?

① 앞서 진행했던 분석들을 통해, 우리는 카카오가 "헬스케어 인포메틱스" 관련 기술을 가지고 있음을 알 수 있다. 해당 노드의 관련 특허를 통해, 전자 처방전이나 진료 납부 시스템 등 의료 분야에 진출할 것으로 예상할 수 있다.

② 또한 "교습용 기구"와 관련된 노드를 확인해 보니, 어학 관련 기술인 것으로 확인되었다. 구체적인 기술을 살펴보면, 단어 저장 공간을 이용한 학습 제공 방법으로, "카카오키즈"를 기초로 다양한 온라인 학습 분야에도 진출할 것으로 보인다.

③ 마지막으로, 최근 2021년 "애견 모빌리티"와 관련된 특허를 매입한 것을 통해, 빠른 시일 내에 카카오가 반려동물 모빌리티 사업으로 확장할 것으로 예상된다.

5 2023년 카카오가 진출할 신산업은?

앞선 분석은 2021년 데이터를 기준으로 2022년의 카카오 신산업을 예측해 본 것이다.

그렇다면 2022년의 카카오 특허 데이터를 분석한다면, 2023년에 카카오가 진출할 신산업을 예측할 수 있지 않을까?

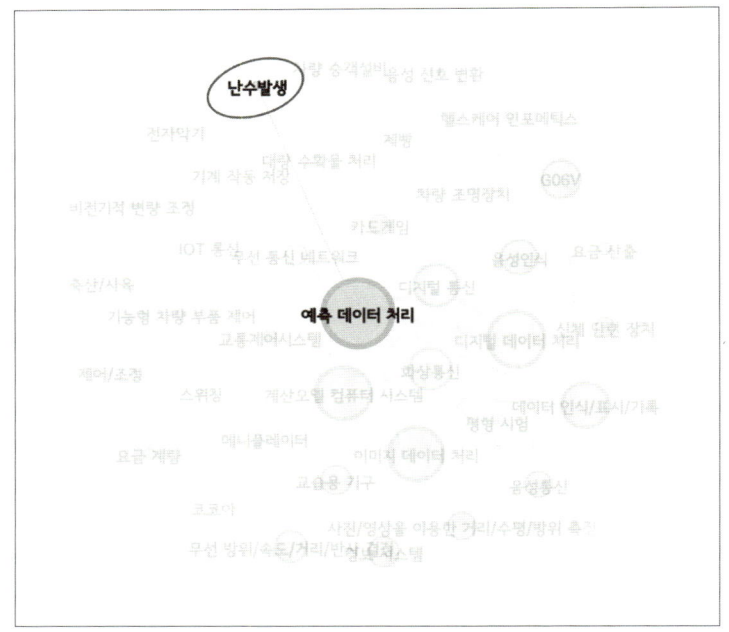

[그림 43] 카카오 2010년부터 2022년 출원 특허 SNA 분석

2021년 데이터와 2022년 데이터를 비교했을 때, "난수 발생"이라는 기술 영역이 카카오의 특허 기술 영역에 새롭게 등장한 것을 확인할 수 있다.

새롭게 등장한 "난수 발생" 기술군에 포함되는 특허들을 추출해 보면 아래와 같다.

<표 10> 카카오 2022년 이후 등장한 난수 발생 영역 관련 특허 리스트

No.	공개번호	공개일자	발명의 명칭
1	2022-0156450	2022.11.25	액세스 카드를 이용한 서비스 제공 방법 및 상기 방법을 수행하는 장치
2	2023-0004184	2023.01.06	방문 예약 처리 방법 및 상기 방법을 수행하는 장치
3	2023-0004181	2023.01.06	방문 예약 관리 방법 및 상기 방법을 수행하는 장치
4	2022-0156395	2022.11.25	액세스 카드 처리 방법 및 상기 방법을 수행하는 장치
5	2022-0156390	2022.11.25	액세스 카드를 이용한 서비스 필터링 방법 및 상기 방법을 수행하는 장치
6	2022-0156230	2022.11.25	액세스 카드 체크 방법 및 상기 방법을 수행하는 장치
7	2022-0155791	2022.11.24	액세스 카드 제공 방법 및 상기 방법을 수행하는 장치

카카오의 2023년 주요 신산업 관련 기술로 도출된 난수 발생 기술군의 주요 기술적 특징을 간단히 살펴보면, 액세스 카드에 관한 것으로, 카카오톡의 주요 플랫폼인 카카오톡을 활용해 다양한 곳에서의 출입 카드를 대신하기 위한 기술들로 확인된다.

이러한 난수 발생 관련 특허는 2022년 11월 공개되었기 때문에, 2022년 12월부터는 해당 시그널을 찾을 수 있었다.

[그림 44] 카카오 2022년 이후 등장한 난수 발생 기반 신비즈니스

    이와 관련하여 간단하게 검색해 보니 카카오는 이미 2021년부터 디지털 카드를 활용한 비즈니스를 구상하고 있었던 것으로 확인된다. 간단하게는 카카오의 직원들 출입 여부를 확인하는 것에 사용했다. 다만, 2021년 이후 난수 발생 관련 특허를 5일 사이에 5건을 출원하는 등 적극적으로 권리를 확보하려 했으며, 기술의 권리 확보 가능성을 타진한 2023년에 들어서면서 부터는, 디지털 카드와 관련된 비즈니스를 카카오의 새로운 성장동력으로 선정한 것으로 분석된다.

분석 사례

Apple은 왜?
태그(tag) 시장에 진입하려는 것일까?

1 에어태그 기술은 무엇일까?

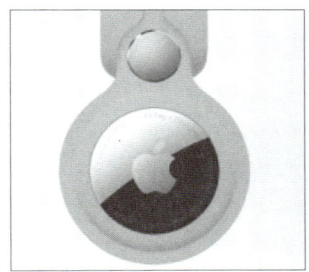

[그림 45] 에어태그

누구나 종종 물건을 잃어버린다. 그리고 잃어버린 물건을 찾기 위해 하루 종일 찾아다니기도 하고, 기억을 더듬으며 떠오르지 않는 머리를 쥐어박기도 한다. 애플은 이러한 불편함을 에어태그를 통해 해결하고자 했다. 먼저 에어태그에 대해 쉽게 설명하면, 본인의 물품에 에어태그를 붙이면 해당 물품을 쉽게 찾도록 돕는 제품이다.

주요 특징은 에어태그의 위치를 정확하게 찾을 수 있다는 점에 있다. 기존의 물건의 위치를 찾기 위한 기술에는 주로 블루투스나

와이파이를 이용했는데, 이러한 통신 기술은 오차 범위가 5m 수준이었다. 하지만 애플의 에어태그는 초광대역 무선통신(Ultra Wide Band; UWB) 기술을 이용하여 에어태그와 아이폰 간의 오차 범위를 5~10cm 수준으로 측정할 수 있다.

2 에어태그가 최초의 제품 위치 추적 제품일까?

<삼성 갤럭시 스마트 태그>

<Tile Tag>　　　　　　　　　<Adero Tag>

[그림 46] 타 사의 에어태그

이미 기사를 통해 알고 있는 사람도 있겠지만, 에어태그가 제품 위치를 추적하는 최초의 제품은 아니다. 한국의 "삼성전자"에서 갤럭시 스마트 태그라는 제품이 애플의 에어태그보다 먼저 출시됐고, 그보다 훨씬 이전부터 미국의 "Tile 社", "Adero 社" 등에서 블루투스를 이용한 제품 추적 장치를 출시했다.

3 애플의 에어태그의 기술적 특징은 무엇일까?

그렇다면 이미 많은 제품이 출시되어 판매되고 있는 스마트태그 시장에 애플과 삼성이 진입을 시도하는 이유는 무엇일까? 그 이유는 크게 세 가지로 판단된다.

첫번째, 실시간 위치 추적장치 시장 전망이 좋다는 점(2019년 32억 달러, 2024년 223억 달러까지 성장 예상)이다. 두번째, 기존 제품들은 블루투스를 이용하기 때문에 정확도가 UWB 방식에 비해 매우 낮아 경쟁력을 갖추고 있다. 마지막으로 세번째는 삼성과 애플 모두 생태계를 키우기 위한 전략으로 풀이된다.

그럼 이번에는 특허 빅데이터를 활용하여 애플의 에어태그 기술에 대해 살펴보자. 먼저, 에어태그와 관련된 특허를 찾기 위해 특허검색 DB인 키워트(Keywert)에서 제공하는 "선행조사용 검색"에서 tag, wirtless, tracking 키워드를 이용해 관련 건을 검색했다.

선행조사용 검색 결과, 해당 키워드와 가장 유사도가 높은 특허로 US 2020-0337162 A1(mounting base for a wirelessly locatable tag, APPLE)이 확인된다. 그럼 지금부터는 US 2020-0337162 A1 특허

분석을 통해 애플이 에어태그 기술을 왜 특허출원 했는지 추측해 보자.

3-1 정확한 거리 측정을 목표로 하는 에어태그의 통신 방식

앞서 확인한 바와 같이 에어태그는 블루투스가 아닌 UWB를 이용한다. 애플의 에어태그는 UWB를 이용함으로써, 에어태그까지의 거리를 더욱 정확하게 측정할 수 있다고 말한다.

【0213】

The wireless signals used to determine spatial parameters of electronic devices may include ultra-wideband (**UWB**) signals. As used herein "**UWB** signals" may refer to signals transmitted over a large portion of the radio spectrum (e.g., having a bandwidth greater than 500 MHz or greater than 20% of a center carrier frequency). Using **UWB** signals to perform localization may be referred to herein as "**UWB** localization."

【0218】

Using **UWB** signals for determining distance may provide numerous advan**tag**es, including increased precision in determining TOA and/or TOF. As one example, **UWB** signals may have shorter wavelengths than other signals, which may reduce the time range in which the signals can be detected. This reduces errors in determining TOA and TOF, which results in more accurate distance estimation.

정리하자면, UWB 통신 방식을 이용하는 것이 블루투스를 이용하여 대략적인 위치정보를 통해 물건을 찾는 것보다 훨씬 정확하게 물건의 위치를 찾을 수 있다는 것이다.

추측 1 — 이를 통해, 애플이 대략적인 위치정보보다는 정확한 위치정보가 필요한 분야에 해당 기술을 적용할 것으로 추측할 수 있다.

3-2 다양한 방식으로 에어태그를 활용하게 하려는 애플의 전략

US 2020-0337162 A1은 282p의 특허 명세서로, 도면의 수만 184개다. 주요 실시예들을 살펴보면, ① 무선 위치 추적 시스템, ② 공개-개인키 암호화 방식, ③ 무선 위치 태그의 위치 결정 프로세스, ④ 태그의 구조, ⑤ 태그용 액세서리, ⑥ 애플워치와 통합된 태그 모듈, ⑦ 태그 상태 정보 확인, ⑧ 사용자의 자세 추적 및 모니터링, ⑨ 증강 현실 이용, ⑩ 공공기물 위치 확인 등과 같이 에어태그를 통해 활용할 수 있는 다양한 내용을 모두 담고 있는 특허다.

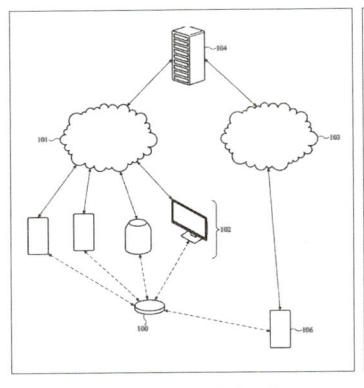

① 무선 위치 추적 시스템   ② 공개-개인키 암호화 방식

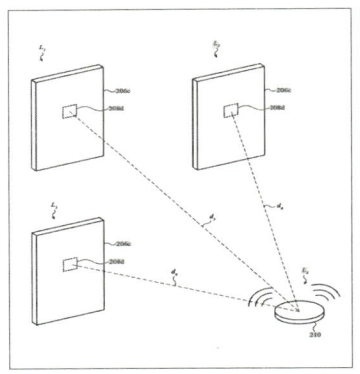 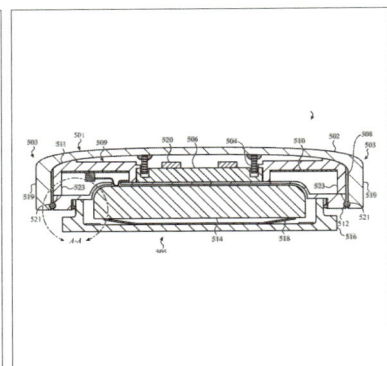

③ 무선 위치 태그의 위치 결정 프로세스   ④ 태그의 구조

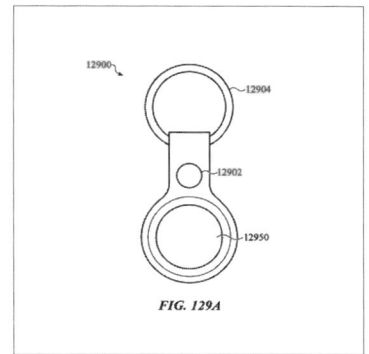

⑤ 태그용 액세서리

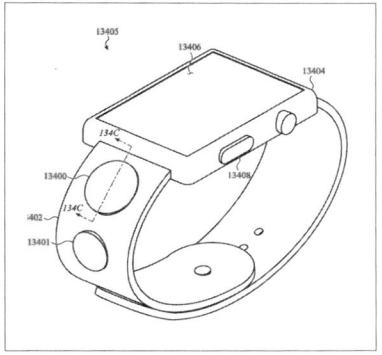

⑥ 애플워치와 통합된 태그 모듈

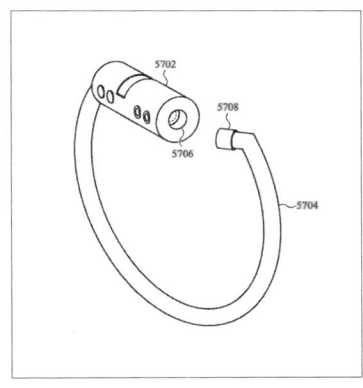

⑦ 태그 상태 정보 확인

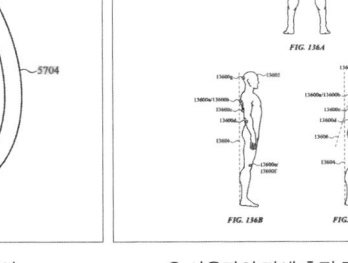

⑧ 사용자의 자세 추적 및 모니터링

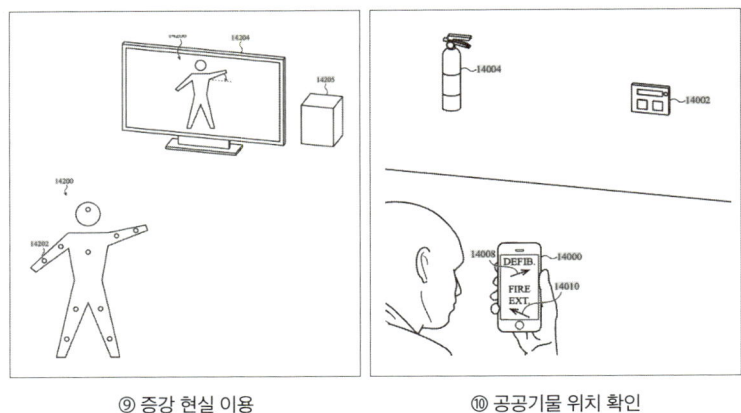

⑨ 증강 현실 이용　　　　　⑩ 공공기물 위치 확인

[그림 47] US 2020-0337162 A1 10가지 실시 예

[그림 47]과 같이 다양한 실시 예를 통해 에어태그가 사용될 수 있는 분야가 매우 다양하다는 것을 알 수 있다.

추측 2 — 따라서 애플은 단순히 에어태그를 물건 분실 방지용으로만 사용하기 보다, 다양한 분야/장소/기술 접목을 통해 사용성을 확장할 계획이 있다는 것을 추측할 수 있다.

4 특허 빅데이터를 활용하여 확인한 애플의 생태계 확장 가능성

지금까지 키워트의 선행조사용 검색을 통해 에어태그와 관련된 애플의 핵심 특허를 쉽게 찾아봤다. 하지만 이러한 키워드를 이용한 검색의 경우, 검색에 사용된 키워드가 포함되지 않은 특허들은 찾을 수 없거나 검색식 작성 방법에 따라 일부 특허가 누락될 수도 있다는 단점이 있다.

이러한 단점을 극복하기 위해서 특허 빅데이터 분석 기법을 적용하여 관련 특허들을 찾아보았다.

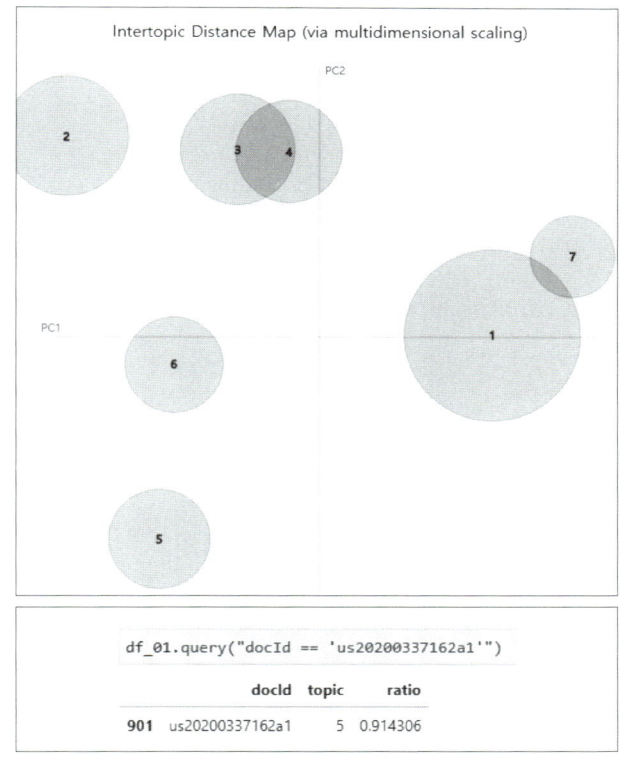

[그림 48] 애플 보유 특허 LDA 토픽 모델링 결과

먼저 최근 5년간 미국에 출원되어 공개, 등록된 애플의 보유 특허 중, 무선통신과 관련된 5,704건을 모집단으로 추출했다. 다음으로 5,704건의 특허를 LDA 토픽 모델링을 통해 기술 분류를 진행했다.

LDA 토픽 모델링을 수행한 결과, US 2020-0337162 A1은 5번 토픽에 속하는 것을 확인할 수 있다. [그림 48]에서 ratio가 0.914인 것을 확인할 수 있는데, 이는 US 2020-0337162 A1 특허가 5번 토픽에 속하는 비중이 91.4%임을 의미한다. 비중이 91.4%라고 함은, "해당 특허는 5번 토픽을 이루는 키워드들이 대부분이다."라고 이해하면 된다. 여기서 5번 토픽의 관련 주요 키워드를 살펴보면, sensor, wireless, antenna, connector 등이 확인되며 이것은 무선 안테나, 기기 간 연결 기술과 센서 등을 이용한 기술을 포함하고 있다고 판단된다.

다음으로 5번 토픽에 속한 2,204건의 특허에 대해 US 2020-0337162 A1과 코사인 유사도를 산출하여 유사한 내용이 포함된 특허들을 추출해 보았다.

RANK	Topic_docIds	Similarity
1	us20210168225a1	0.736986
2	us20210168230a1	0.735614
3	us20210168226a1	0.734913
4	us20210168231a1	0.732049
5	us20210167487a1	0.730777
6	us20210168229a1	0.730391
7	us20200026327a1	0.725879
⋮	⋮	⋮

[그림 49] US 2020-0337162 A1과 5번 토픽 특허들 간의 코사인 유사도 비교

여기서 코사인 유사도에 대해 간단히 설명하면, 코사인 유사도는 서로 다른 두 개의 문헌이 얼마나 유사한지를 비교하는 기법으로, 텍스트 문서를 비교하는 여러 분야에서 두루 쓰이는 기법이다. 대표적으로 특허평가등급인 SMART3에서 특허 등급 평가를 위한 관련 문헌 추출할 때 사용되기도 하고, 논문의 표절 심사에서도 사용되는 알고리즘이다.

US 2020-0337162 A1과 유사도가 높게 나타난 특허들을 살펴보니 1) 최근 1~3년 사이에 출원된 특허들이라는 점, 2) "UWB" 통신 방식을 이용한다는 점을 확인할 수 있었다.

【0102】

~~~~. The one or more communications channels **604** may also include ultra-wideband (**UWB**) interfaces, which may include any appropriate communications circuitry, instructions, and number and position of suitable **UWB** antennas.

< US 10904370 B1 >

【0572】

~~~. The one or more communications channels **2504** may also include ultra-wideband interfaces, which may include any appropriate communications circuitry, instructions, and number and position of suitable **UWB** antennas.

< US 2021-0167487 A1 >

구체적으로, US 10904370 B1와 US 2021-0167487 A1은 휴대용 전자 기기(아이폰 관련) 특허이다. 즉, 최근에 들어서 휴대용 전자 기기와 관련된 특허들에 UWB 안테나를 이용하여 통신이 가능하다는 내용을 기재하고 있다. UWB 통신을 하기 위해서는 UWB 통신이 가능한 칩/안테나 등이 필요한데 이러한 내용들이 최근 아이폰 관련 특허에서 나타나는 바, 에어태그와 아이폰 간의 연결을 위한 연구개발이 이루어지고 있음을 특허적으로 확인할 수 있었다. 따라서 아이폰의 에어태그는 해당 칩을 보유한 아이폰끼리만 통신이 되고 안드로이드 기기와는 통신이 되지 않기 때문에 아이폰 기기 간의

생태계가 견고해질 것으로 볼 수 있다.

추측 3 — 더불어 에어태그의 다양한 실시예들을 비추어 볼 때 에어태그를 통한 생태계 확장이 가능하다고 추측된다.

기존에는 무선이어폰, 애플워치, 패드, 스마트폰, 맥북 등 각 장치 간의 연결과 아이클라우드 등을 통해 각 장치에 대한 정보 및 각각의 장치에서 생성한 데이터(사진, 일기, 스케줄 등)을 공유하는 것이 아이폰의 생태계였다.

하지만 에어태그라는 제품을 통해 이제는 위치인식 기능을 갖춘 무수한 디바이스로 이루어진 네트워크가 형성되게 되는 것이다. 쉬운 예로, 앞서 확인한 실시 예시 "⑨ 증강 현실 이용"의 기술 확장을 통해, AR에서 주요 해결과제인 "지금 내가 보는 게 무엇인지 정확히 인식"하는 것들을 에어태그를 통해 형성되는 네트워크를 통해 해결될 수 있게 된다.

추측 4 — 자율주행 차량(애플카)에 기술 적용이 가능할 것으로 추측된다.

더 나아가서는, 해당 장치의 위치를 정확히 찾을 수 있는 실시 예 "① 무선 위치 추적 시스템"과 "③ 무선 위치 태그의 위치 결정 프로세스"를 통해 에어태그를 찾는 기술을 기반으로 자율주행 차량에 다가갈 수 있을 것이라는 점이다. 자율 주행에서 중요한 것은 i) 정확한 나의 위치, 상대방(또는 다른차)의 위치, 주변 지형지물의 위치, 주변 지형지물이 무엇인지를 판단하는 것과, ii) 차량들 간의 통신을 통한 예측 기술이다.

i)과 관련해서는 에어태그라는 제품을 통해 이루어진 네트워크로 해결할 수 있을 것으로 예상할 수 있다.

ii)에 대해 살펴보면, 자율주행은 자동차 한 대가 수집하는 주변 정보만으로는 이루어지기 어렵다. 그렇기 때문에 모든 자동차가 서로 정보를 교환하는 방식을 생각할 수 있다. 애플의 자율주행 관련 특허를 찾아보면, V2V(Vehicle-to-Vehicle) 관련 특허들이 다수 있다. V2V 기술은 차량 간의 통신에 관한 기술로, 자율주행을 위해 필수적인 기술이다. 예를 들어 앞에 달리는 자동차가 좌회전을 하려 하는지, 차선을 변경하려 하는지, 아니면 내 앞에 사고가 발생하여 사고 차량들이 멈춰 있는지 여부 등을 미리 알게 됨으로써, 자율주행이 가능해질 수 있다.

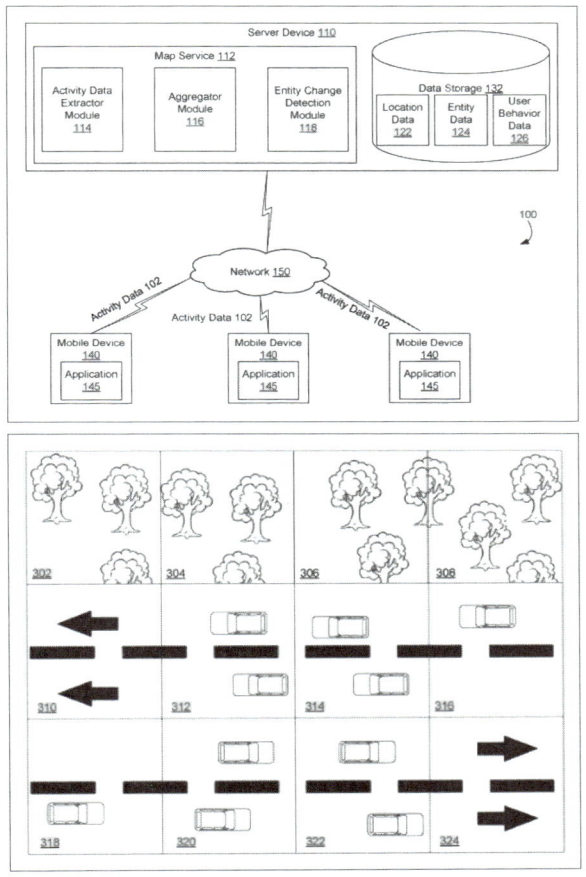

[그림 50] US 10970318 B2 도면

2018년도에 출원된 애플의 보유 특허인 US 10970318 B2를 보면, 나를 포함한 내 주변 모바일 디바이스의 위치 정보, 방향 정보, 속도 정보를 수집하고, 이를 지도에 매핑(mapping)하여 사용자에게 제공하는 내용을 기재게시하고 있다. 이를 통해, 애플도 V2V 기술의 중요함을 인지하고 있는 것으로 판단되며, 자율주행을 위해서는 내 차량의 정보와 함께 다른 차량의 정보를 알고 이를 이용해야만 가능하다고 생각하는 것으로 풀이된다.

이러한 V2V 기술에 있어서 가장 중요한 것은 내 주변 자동차들의 정확한 위치를 측정(정확히는 내 차와의 거리를 측정)하기 위한 기술이다. 내 차와의 거리를 정확히 측정해야 해당 거리와 두 차량 간의 이동 속도를 기초로 앞차가 몇 초 뒤에 좌회전을 하려는지, 몇 초 뒤에 멈춰 서는지 등을 알 수 있게 되기 때문이다.

이러한 V2V 기술에 적용할 수 있는 통신 방식이 에어태그의 UWB가 될 수 있다고 예상된다. 앞서 확인한 실시예 "① 무선 위치 추적 시스템"과 "③ 무선 위치 태그의 위치 결정 프로세스"의 적용을 통해 차량 간의 거리를 정확히 측정할 수 있게 될 것이다.

5 에어태그를 통해 애플이 그리고 있는 미래

이번 분석을 통해 애플이 에어태그 기술에 대한 특허 출원 이유를 추측해 보면 다음과 같이 정리된다.

추측 1 — 애플이 대략적인 위치정보보다는 정확한 위치정보가 필요한 분야에 해당 기술을 적용할 것

추측 2 — 단순히 에어태그를 물건 분실 방지용으로만 사용하기보다, 다양한 분야/장소/기술 접목을 통해 사용성을 확장할 계획

추측 3 — 에어태그의 다양한 실시예들을 비추어 볼 때 에어태그를 통한 생태계 확장이 가능

추측 4 — 자율주행 차량(애플카)에 기술 적용이 가능

4

특허 빅데이터 활용법 in 비즈니스

1장 ___
내 기술이 필요한 곳을 찾아라

2장 ___
내 제품을 구매할 기업을 찾아라

3장 ___
스토리가 있는 분석 프로세스를 구축하라

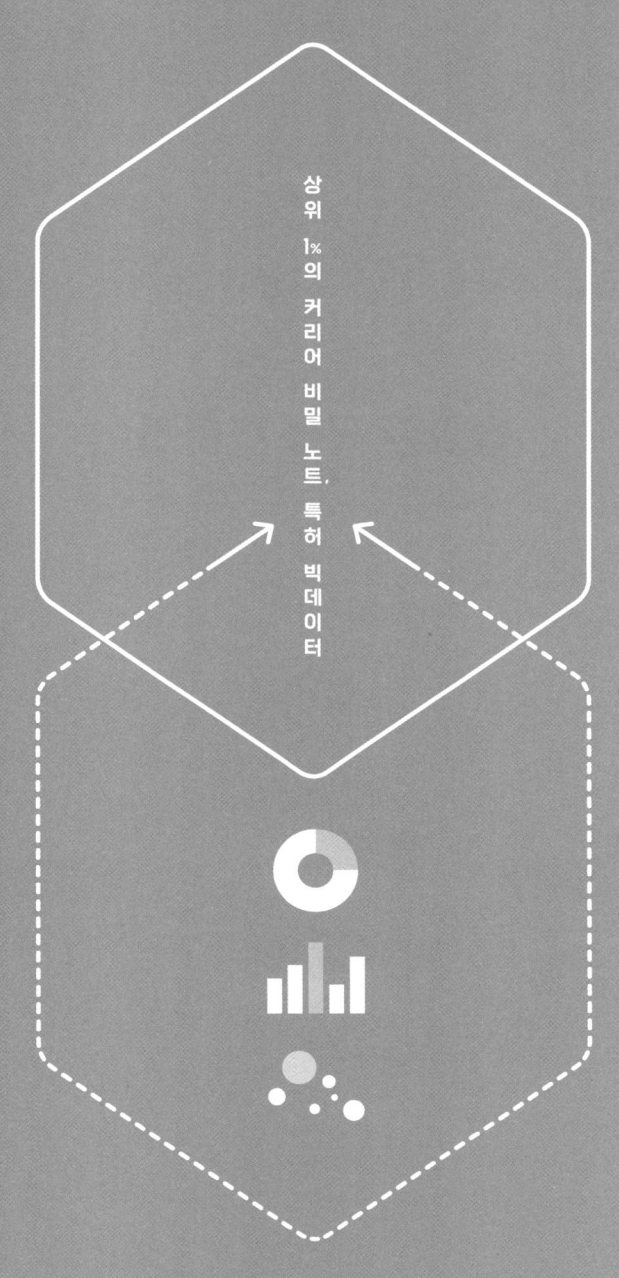

1장

내 기술이
필요한 곳을 찾아라

특허의 패러다임이 변화하고 있다.

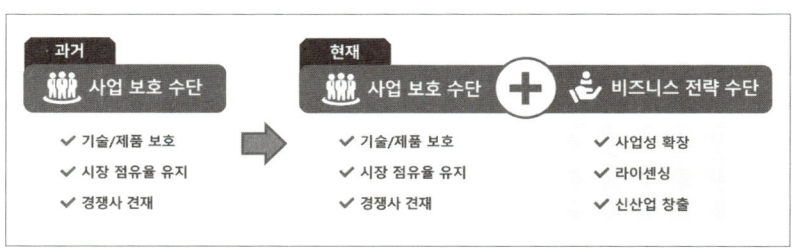

[그림 51] 특허 패러다임의 변화

이전에는 단순히 영위하고 있는 사업의 보호 수단으로만 특허가 주로 활용되었다면, 현재는 매입/판매 등 수익화를 목적으로 특허를 확보하기도 하고, 매입을 통해 확보한 특허를 기반으로 새로운 신사업을 창출하기도 한다.

앞서 우리는 2부, 3부에서의 내용을 통해 기술의 변화를 확인하고 경쟁사의 연구개발 동향을 확인할 수 있었다. 그렇다면 만약 내가 보유하고 있는 특허가 기술 변화의 중심에 있는 기술이고 미래 유망기술에 속한다면, 우리는 이 특허를 어떻게 활용해야 할까?

우선 직접 해당 기술을 이용하여 사업화를 진행하는 방법이 있다. 하지만 비즈니스라는 것은 단순히 기술적인 부분을 충족시키는 것만으로는 성공이 가능한 것이 아니기 때문에, 두려움과 걱정이 앞설 수 있다. 이와 같은 경우에는, 해당 특허를 통한 수익 창출 방법을 찾아야 할 것이다.

그렇다면 특허 판매를 통해 수익을 창출하는 대표적인 곳이 어디일까? 알고 있겠지만, 대학 산학협력단이 이와 같은 일을 하고 있다. 대학에서는 다양한 기술 분야에 대해 연구를 진행하고, 연구 결과를 기초로 특허를 확보한다. 그리고 이렇게 확보한 특허를 기업에 기술을 이전함으로써 수익을 창출하고 있다.

이와 관련하여 대학교들은 자산 실사나 기술 실사를 통해 보유 특허의 가치를 확인하고, 가치를 통한 기술료를 산정하여 SMK를 여러 기업에 제시함으로써 기술 이전을 대비하고 있다. 하지만 여기에 가장 큰 문제가 있다면 우리 대학들의 기술을 살 수 있는 기업을 찾는 것이 쉽지 않다는 것이다.

다음 장에서는 부산대학교의 보유 특허 데이터를 기반으로, 부산대학교의 보유 특허를 살 가능성이 높은 기업들(이하, 기술이전 후보기업)을 추출하여 확인해 보자.

분석 사례

내 특허를 필요로 하는 기업을 찾는 방법

1 부산대학교 주요 기술 분야 도출

먼저 내 특허를 살 가능성이 높은 후보기업을 찾기 전에, 내가 보유한 특허 중 강점이 있는 기술 분야를 찾는 것이 중요하다. 여기서 강점 기술 분야란, 보유하고 있는 특허들 간의 연계성이 높은 기술 분야를 의미한다.

일반적으로 특허를 기반으로 대학의 강점 기술 분야를 도출할 때에는 기술군(IPC) 별 출원 건수를 검토했을 것이다. 통계적으로 해당 기술 분야의 특허 출원이 활발하게 이루어지고 있다는 점에서는 의미가 있을 수 있으나, 앞서 말한 다양한 기술과의 연계성 부분을 확인하는 지표로는 사용하기 어렵다.

하지만 특허 데이터를 기초로 중심점 분석을 진행한다면 연계성이 높은 강점 기술 분야를 도출할 수 있다.

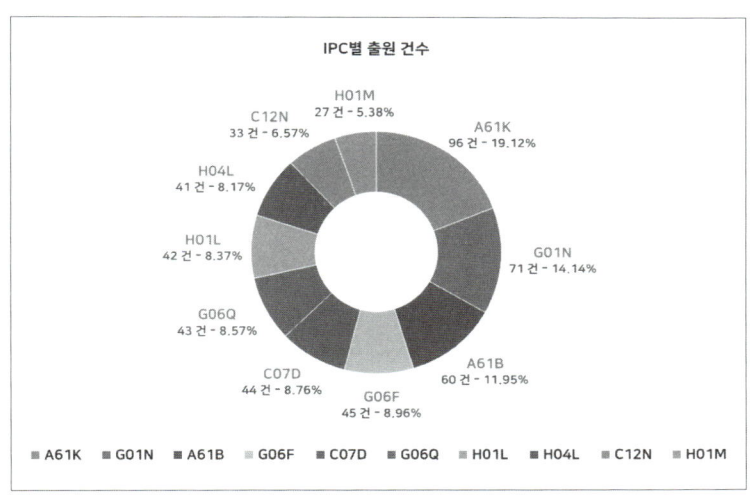

[그림 52] IPC별 출원 건수 List

<표 11> 중심점 기반 강점 기술 분야 List

No.	IPC	기술명
1	G01N	재료의 화학/물리적 성질 분석 기술
2	C01B	비금속 화합물 기술
3	B01J	물리/화학적 기타 기술

No.	IPC	기술명
4	B63C	선박 선적 기술
5	H01L	반도체 기술

위의 "IPC별 출원 건수 List"와 "중심점 기반 강점 기술 분야 List"를 비교하면, 그 순위가 전혀 다른 것을 알 수 있다. 즉, 기술군 간의 연계성은 특허 출원 건수와는 다소 차이가 있다는 것을 의미하는 것으로, 내가 보유하고 있는 특허들을 기초로 중요한 기술군을 선정할 때에는, 단순히 출원 건수를 기초로 검토할 것이 아니라, 기술 간의 연계성을 통한 중심에 위치되는 기술을 찾아내야 한다.

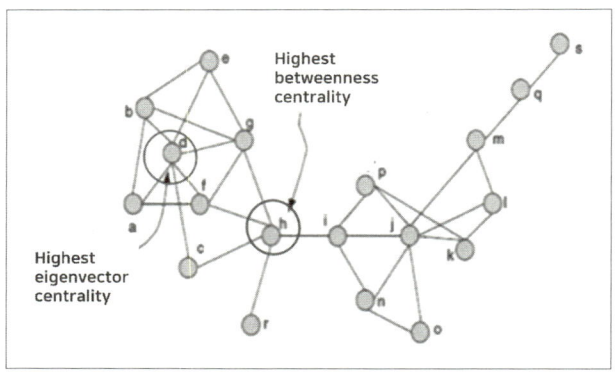

[그림 53] 기술 간 연계성의 중요성

기술군 간의 연계성을 도출하여 시각화를 하면, [그림 53]의 h, d 와 같이 기술군들 간의 연결에 있어서 중요한 위치에 있는 중요 기술군이 확인된다. 기술 간의 연계성이 높은 중요 기술군들은 [그림 53]과 같이 다양한 기술로 확장 또는 다양한 기술과의 결합이 가능한 기술로 해석될 수 있다.

이러한 기술군 간의 연계성이 높은 기술군들이 기술이전, 기술사업화, 수요기업 도출 등에서 중요한 이유는 기술이전 시, 수요기업의 사업 영역에 따라 연계성이 높은 기술군의 보유 기술을 토대로 다른 기술군의 보유 기술들을 연계해서 기술이전을 진행할 수 있다는 점에 있다.

위의 "중심점 기반 강점 기술 분야 List"를 통해, "재료의 화학/물리적 성질 분석 기술(G01N; 이하 재료 성질 분석 기술)"이 부산대학교의 강점 기술 분야로 도출되었다.

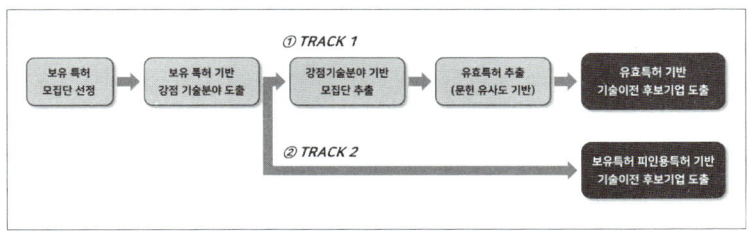

[그림 54] 보유 특허 기반 기술이전 후보기업 도출 Process

강점 기술 분야에 대한 기술이전 후보기업은 2 Track으로 분석이 가능하다. 이제 기술이전 후보기업을 도출하기 위한 Track별 방법에 대해 알아보자.

2 문헌 유사도 기반의 기술이전 후보기업 도출

2-1 강점 기술 분야 중, 분석 대상 특허 추출

중심점을 기반으로 도출된 부산대학교의 강점 기술 분야인 재료 성질 분석 기술 중, 분석할 대상 특허를 특허평가등급인 keV와 출원 일자 순으로 5건을 선정했다.

<표 12> 부산대학교 중요 기술군 내 분석 대상 특허 도출

공개/등록번호	발명의 명칭	특허 평가등급
KR 1938292 B1	레이저 여기광 조사각 조절 기능을 갖는 범용 형광 영상 장치 및 이의 제어 방법	B+
KR 1825821 B1	바이러스 기반 변색 센서에 의한 농작물의 원산지 판별 방법 및 바이러스 기반 변색 센서를 포함하는 농작물의 원산지 판별 장치	B+
KR 1782265 B1	마그네토플라즈모닉 필름, 이를 포함하는 습도 센서 및 이들의 제조 방법	B+
KR 1777725 B1	신규한 테르티오펜 화합물 및 이의 제조 방법	B+
KR 1782721 B1	T자 채널 입자 분리 장치 및 이를 이용한 분리 방법	B+

2-2 강점 기술 분야 관련 특허 모집단 추출

앞서 도출한 분석 대상 특허 5건은 모두 2016년 이후 출원된 특허이며, 분석 대상 특허의 기술이전 후보기업은 해당 기술을 비슷한 시기에 연구개발하거나, 그 이후에 연구개발을 진행했을 가능성이 높기 때문에 재료 성질 분석 기술 분야에서 2015년 이후 출원된 한국 특허 25,547건을 모집단으로 추출했다.

2-3 유효특허 추출(문헌 유사도 기반)

다음으로 분석 대상 특허 각각을 추출된 모집단인 25,547건의 특허와 1:1 문헌 유사도를 비교했다. 본 분석에서는 문헌 유사도 분석을 총 5×25,547인 127,735회 진행했으며, 문헌 유사도를 기반으로, 각 기준 특허별 유효특허를 아래와 같이 도출했다.

<표 13> 분석 대상 특허별, 25,547건의 모집단 기반 유효특허 도출

기준 특허	특허번호	유사도 30% 이상 유효특허 수
1	KR 1938292 B1	149건
2	KR 1825821 B1	227건
3	KR 1782265 B1	66건
4	KR 1777725 B1	1,534건
5	KR 1782721 B1	233건

2-4 유효특허 기반, 기술이전 후보기업 도출

도출된 유효특허를 기초로, 기준 특허별 다출원인을 확인했다.

No.	기준특허	기술 내용 정의	유효특허 다출원인	출원건수
1	KR 1938292 B1	레이저 여기광 조사각 조절 기능을 갖는 범용 형광 영상 장치 및 이의 제어 방법	한국과학기술원	7
			광주과학기술원	5
			주식회사 포스코	4
			한국원자력연구원	4
			삼성전자주식회사	4
2	KR 1825821 B1	바이러스 기반 변색 센서에 의한 농작물의 원산지 판별 방법 및 바이러스 기반 변색 센서를 포함하는 농작물의 원산지 판별 장치	보쉬	10
			포인트 엔지니어링	6
			엘지전자 주식회사	6
			한국생명공학연구원	6
			모스탑주식회사	5
3	KR 1782265 B1	마그네토플라즈모닉 필름, 이를 포함하는 습도 센서 및 이들의 제조방법	광운대학교	5
			동우 화인켐	4
			엘지화학	3
			한국과학기술원	3
			한국화학연구원	3
4	KR 1777725 B1	신규한 테르티오펜 화합물 및 이의 제조방법	보쉬	50
			한국과학기술원	40
			동우 화인켐	33
			한국과학기술연구구언	32
			엘지전자	29
5	KR 1782721 B1	T자 채널 입자 분리 장치 및 이를 이용한 분리 방법	엘지이노텍	7
			한국과학기술원	6
			울산과학기술원	6
			삼성전자	6
			고려대학교	6

[그림 55] 분석 대상 특허별, 유효특허 다출원인 도출

특허 빅데이터 분석을 통해 강점 기술 분야의 보유 기술과 유사한 기술을 연구개발하고 있는 다출원인을 확인함으로써, 분석 대상 특허 각각에 대해 기술이전 가능성이 높은 기술이전 후보기업을 위와 같이 도출할 수 있다.

3 인용/피인용 데이터 기반의 기술이전 후보기업 도출

앞서 확인한 Track 1은 보유 특허와 모집단 간의 문헌 유사도를 통해 기술이전 후보기업을 도출한 것이라면, Track 2는 보유 특허의 인용/피인용 데이터를 기반으로 기술이전 후보기업을 도출하는 방법이다.

내가 보유 기술과 유사하면서, 보유 기술보다 늦게 출원된 특허의 경우, 심사과정에서 우리 특허를 인용하여 신규성 또는 진보성이 부정되는 경우가 있다.

따라서 본 분석에서는 부산대학교의 재료 성질 분석 기술에 포함된 118건 특허의 피인용 정보를 통해, 부산대학교의 특허와 유사한 연구개발 기업을 도출했다. 이때 피인용 데이터를 분석함으로써, 부산대 기술을 인용하고 있는 후방 기술을 알 수 있고, 후방 기술의 출원인들을 도출함으로써, 부산대학교의 보유 기술이 필요할 가능성이 높은 기술이전 후보기업을 도출할 수 있게 된다.

분석 결과를 정리하면, 부산대학교의 보유 특허를 기반으로 문헌 유사도 분석을 통해 부산대학교의 보유 기술과 유사한 기술을 연구개발하는 기업/기관들을 도출했다. 대표적으로, 동우화인켐, Bosch, LG전자, 한국과학기술원 등이 부산대학교의 보유 기술과 유사한 기술을 연구개발하고 있다.

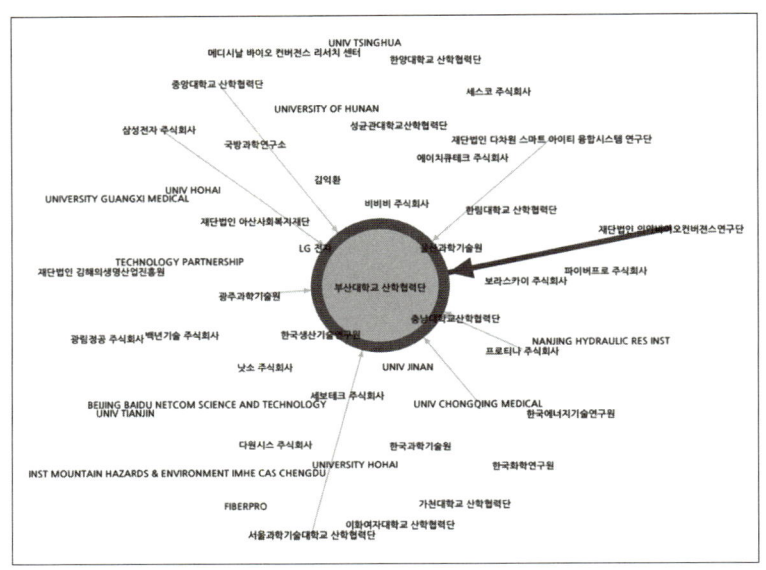

피인용 출원인	피인용 횟수
의약바이오컨버젼스연구단	5
다차원 스마트 아이티 융합시스템 연구단	2
삼성전자 주식회사	2
프로티나 주식회사	2
중앙대학교 산학협력단	2
광주과학기술원	2
서울과학기술대학교 산학협력단	2
UNIV CHONGQING MEDICAL	2

[그림 56] 부산대학교 G01N 보유 특허 118건 기반 피인용 출원인 도출

또한, 피인용 기반 SNA 분석을 통해 의약바이오컨버젼스 연구단에서 5회의 특허 피인용 횟수로 가장 많은 수의 피인용이 나타남을 확인했다. 즉, 의약바이오컨버젼스 연구단은 부산대학교의 보유 기술을 부산대학교보다 늦게 연구개발하고 있기 때문에 부산대학교의 보유 특허를 필요로 할 가능성이 높은 것으로 분석된다.

여기까지 분석을 통해 부산대학교의 강점 기술 분야를 도출하였고, 강점 기 분야를 토대로 부산대학교의 보유 기술과 유사한 연구개발이 이루어지는 기술이전 후보기업을 문헌 유사도 및 피인용 데이터 기반의 SNA 분석을 통해 도출했다.

본 분석 대상 특허들의 자산 실사, 기술 실사를 통해 가치를 산정하여 기술료를 설정한 뒤, SMK를 작성하여 앞서 도출된 기업에 제시한다면 기술이전의 가능성을 높일 수 있을 것으로 판단된다.

2장

내 제품을 구매할 기업을 찾아라

비즈니스에서 중요하지 않은 영역은 없다. 다만, 사람들이 흔히 말하는 '비즈니스의 꽃'이라 불리는 영역은 존재한다. 바로 세일즈와 마케팅 영역이다. 좋은 제품, 좋은 서비스를 개발했다면, 이제는 수익을 창출하기 위한 직접적인 행동이 필요하기 때문이다.

세일즈와 마케팅에서 중요한 2가지 포인트는 다음과 같다. 하나는 내가 팔고자 하는 제품, 서비스를 사용할 법한 미래 사용자를 찾아내는 것이고, 다른 하나는 내가 팔고자 하는 제품, 서비스가 사용자의 니즈를 해결해 줄 수 있음을 어필하는 것이다.

그럼 특허 빅데이터를 활용하여 위의 2가지 포인트를 찾아내는 방법에 대해 알아보자.

분석 사례

미래 사용자를 찾아내는 방법

특허 데이터는 기본적으로 기술적인 사상과 관련된 발명을 설명하는 문서를 의미한다. 하지만 이러한 특허 데이터는 기술적인 사항 외에도 기업, 서비스, 제품 등의 비즈니스적인 사항도 포함되어 있어서 기술과 비즈니스를 연계하여 분석이 가능하다는 특징이 있다.

이러한 속성 때문에 세부적인 기술 내용을 포함하는 논문과 달리 기술적 사항과 비즈니스적 사항을 함께 포함하는 특허를 분석하는 것이 비즈니스 전략을 수립하는 측면에서 유리하다.

화학, 바이오 관련 실험 장비를 제공하는 기업 A가 있다고 가정해보자. 글로벌 기업 A가 생산한 다양한 실험 장비, 용액, 도구들을 활용해 실험하고는 기업들은 일반적으로, 특허 명세서 상에 어떠한 장비, 용액, 도구들을 활용하여 해당 실험을 진행했는지를 기재한다.

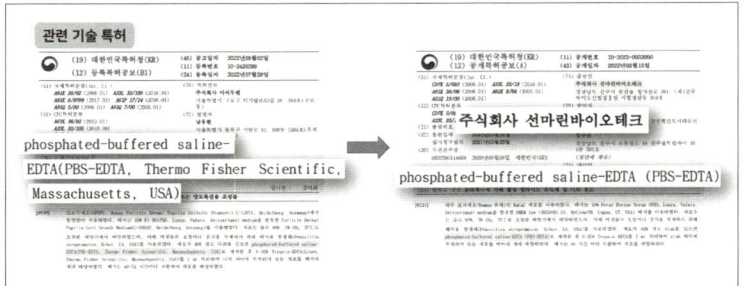

[그림 57] 특정 기업에서 개발한 용액을 활용했음을 기재한 특허

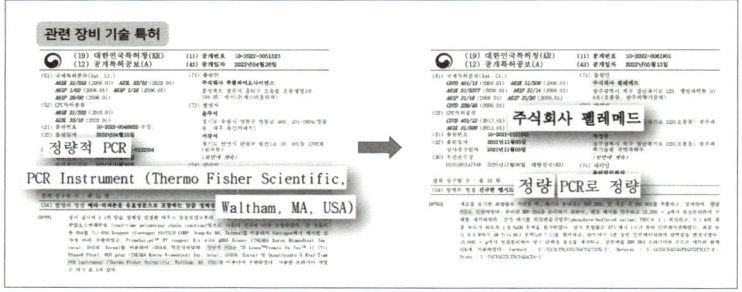

[그림 58] 특정 기업에서 개발한 장비를 활용했음을 기재한 특허

그러면 A 기업은 해당 제품명을 포함하는 특허들의 출원인 정보를 활용하여 기존에 세일즈 대상으로 포함하지 않은 기업들을 확인하여 신규 세일즈 대상 기업으로 도출할 수 있다.

더 나아가 경쟁사의 장비를 활용하여 실험을 진행한 기업들을 찾아내어, 세일즈와 마케팅이 필요한 기업 리스트를 생성할 수도 있다.

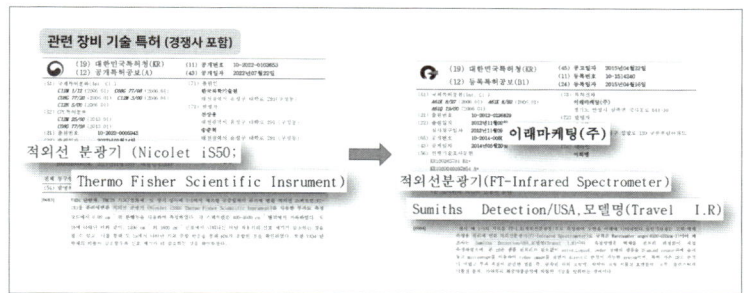

[그림 59] 경쟁사 장비를 활용했음을 기재한 특허

이것은 우리가 개발한 기술이 활용된 다양한 발명들을 확인하는 용도로 특허 빅데이터를 활용한다면, 우리의 제품을 구매할 가능성이 높은 기업들 역시 찾아낼 수 있다는 것이다.

분석 사례

마케팅 포인트를 찾아내는 방법 – 숙취해소제

2022년 국내 숙취해소제 시장 규모는 코로나로 인해 2019년 보다 주춤한 수치임에도 불구하고, 무려 2,200억 원에 달했으며, 업계에선 올해에는 시장이 25% 성장하여 2,800억 원을 넘을 것이라고 예측하고 있다.

이러한 숙취해소제는 제조사가 다양하며 기존에 액체로만 되어 있던 것과 달리 최근에는 환, 젤리, 탄산 등 정말 다양한 형태로 나오고 있다.

시중에 판매되는 숙취해소제 중에 가장 오래된 역사를 가지고 있는 것은 바로 HK이노엔의 '컨디션'이다. 컨디션은 1992년 출시 이후 한 번도 시장점유율 1위를 놓친 적이 없는데, 다양한 제품이 우후죽순으로 생겨나고 있는 요즘에도 굳건하게 1위를 지킬 수 있을까?

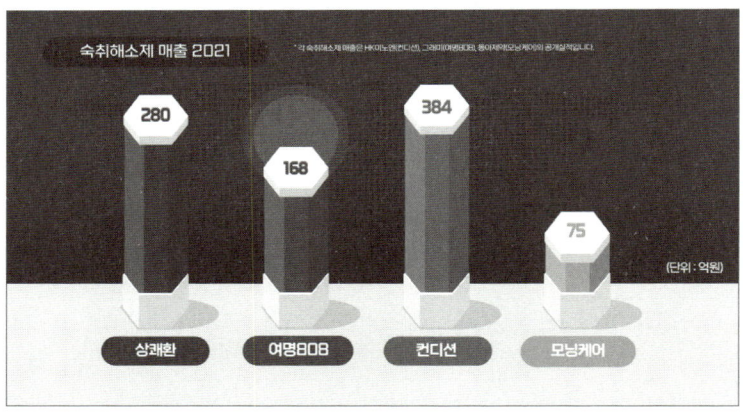

[그림 60] 2021년 숙취해소제 TOP4 제품의 매출 현황

[그림 60]에서 보이는 바와 같이, 아직까지는 꽤나 큰 차이로 컨디션이 가장 많은 매출을 올리고 있는 것을 확인할 수 있다.

눈에 띄는 또 다른 제품은 바로 환 형태의 숙취해소제인 '상쾌환'이다. 상쾌환은 2013년에 처음 등장하여 다른 제품들에 비해 비교적 늦게 출시되었지만 빠른 성장 속도로 어느새 시장점유율 2위까지 무섭게 치고 올라왔다.

상쾌환은 연예계 대표 주당 '성시경'과 걸스데이 '혜리'를 광고 모델로 내세워 MZ 세대를 타깃으로 한 마케팅을 진행했고, 병으로 된 기존의 숙취해소제에 비해 휴대성이 간편하고 가격이 저렴하여 많은 사랑을 받고 있는 것으로 보인다.

그 뒤를 이어서 그래미의 '여명808'과 동아제약의 '모닝케어'가 자리하고 있다.

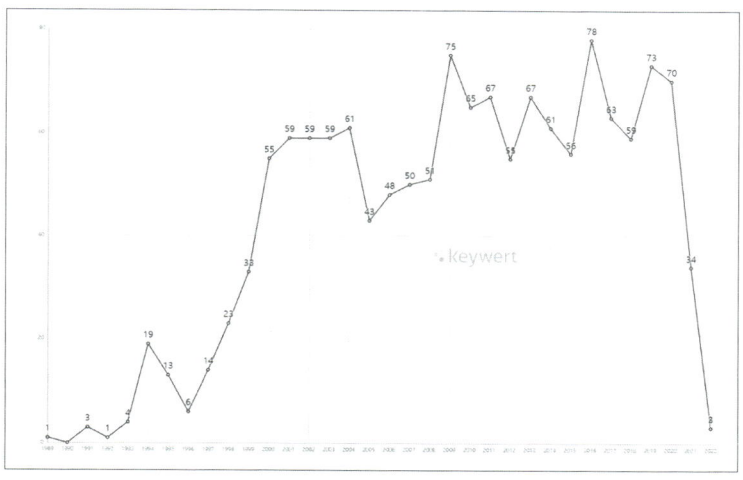

[그림 61] 출원연도별 숙취 관련 특허 출원 동향

숙취와 관련된 특허는 1990년대에는 꾸준히 증가하였으나, 2000년부터는 큰 폭으로 증가하지 않고 매년 비슷한 수치로 꾸준하게 출원되었음을 알 수 있다. 초기 해당 시장을 장악한 회사의 힘이 강하기 때문에, 이미 레드오션이 되었으며 특정 재료를 특정 배합으로 섞는 것 이외에는 번뜩이는 발명으로 특허를 내기가 힘든 시장이라는 특징이 특허 출원 건수가 늘지 않은 이유인 것으로 보인다.

그렇다면 시장 점유율 1위인 HK이노엔이 과연 숙취 관련 특허 보유 현황도 1등일까?

1 시장 점유율과 특허 점유율의 차이

[그림 62]의 그래프에서 알 수 있는 재밌는 사실은 숙취관련 특허를 가장 많이 가지고 있는 곳은 바로 대한민국(농촌진흥청장)이라는 것이다.

한국인은 연간 1인당 소주를 약 115.2병 먹는다는 통계가 있을 정도로 알코올과 친한 민족인데, 그렇다 보니 국가 차원에서 숙취 관련 특허 출원을 장려한다고도 보인다.

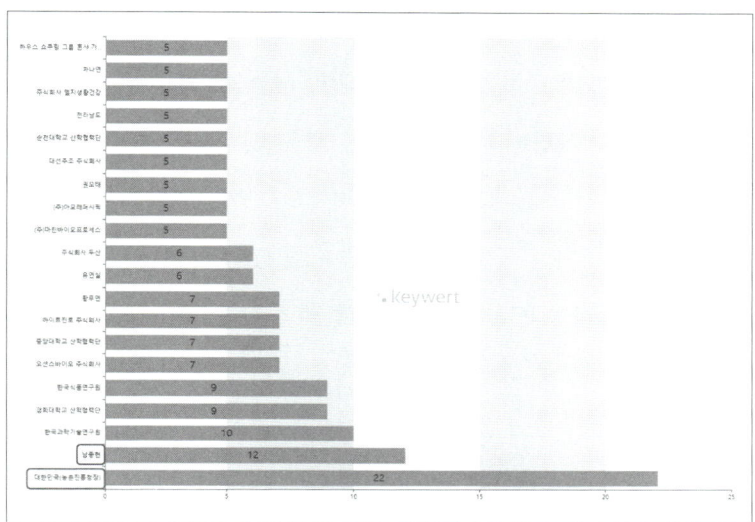

[그림 62] 숙취 관련 특허 다출원인 동향

그럼 그래프에서 2등을 차지하고 있는 '남종현'씨는 누구일까?

[그림 63] 여명808

'여명808' 캔 앞에 인자하게 웃고 계시는 바로 그 사람으로, '여명 시리즈'를 판매하는 주식회사 그래미의 남종현 회장이다.

아래에서 자세하게 다루겠지만, 여명은 캔 디자인에 특허 등록 번호를 넣을 정도로 특허에 대한 자신감이 있다. 그래서인지 볼륨 자체는 크지 않지만 그래도 경쟁사에 비해 상대적으로 출원한 특허가 많다. 그렇다면 HK이노엔은 총 몇 개의 특허를 가지고 있을까? 검색 결과 4건으로 확인되는데, 이것은 30년이라는 시간 동안 한 업계를 주름잡은 것치고는 다소 초라한 수치이다.

2 기업별 핵심 효과를 특허 빅데이터로 찾아내는 법

그럼 이제 숙취해소제의 상품별 특징을 특허 빅데이터를 활용하여 찾아보자.

첫 번째로 살펴볼 숙취해소제는 위에서도 잠깐 소개했던 주식회사 그래미의 '여명808'이다. '여명808'의 캔 디자인은 남종현 회장의 얼굴도 있지만, 그 아래에 해당 음료 제조에 대한 특허 등록 번호를 큼지막하게 넣었다. 그만큼 본인들이 등록한 특허에 자신이 있다는 뜻으로 풀이된다. 그렇다면 여명이 자신 있게 광고하는 특허는 무슨 내용일까?

개암나무 열매 추출물, 오리나무 줄기 추출물, 마가목 열매 추출물

[청구항 1]

개암나무 열매 추출물, 오리나무 줄기 추출물, 마가목 열매 추출물을 유효성분으로 포함하는 숙취해소용 조성물로서,
상기 유효성분 100중량%에 대하여 개암나무 열매 추출물 50~70중량%, 오리나무 줄기 추출물 10~20중량%, 마가목 열매 추출물 10~30중량%를 포함하는 숙취해소용 조성물.

[그림 64] KR 10-1665584 청구항 1항

등록특허 10-1665584의 주 내용은 여명의 성분에 개암나무 열매 추출물과 오리나무줄기 추출물 그리고 마가목 열매 추출물을 넣었다는 것이다.

오리나무는 숙취를 없애고 알코올 중독을 풀며 간 기능을 좋게 하는 데 뛰어난 효과가 있는 나무

본 발명의 발명자는 등록특허 제181168호에서 최초로 오리나무 추출물과 마가목 추출물의 혼합 시 숙취해소에 상승효과가 있는 것을 확인

오리나무 추출물과 마가목 추출물을 유효성분으로 하는 숙취해소용 천연자의 발명을 등록특허 제181168호로 등록

개암나무는 숙취해소 효과가 전혀 알려지지 않은 것

본 발명의 발명자가 최초로 오리나무 줄기 추출물, 마가목 열매 추출물과 개암나무 열매 추출물의 혼합 시 숙취해소에 상승효과가 있는 것을 확인

등록특허 제181168호의 실험방법으로 가능성을 확인한 후 본 발명에서는 등록특허 제181168호의 실험방법보다 훨씬 정밀한

in vivo 실험(동물실험 및 인체실험)을 거쳐 숙취해소 효과를 확인

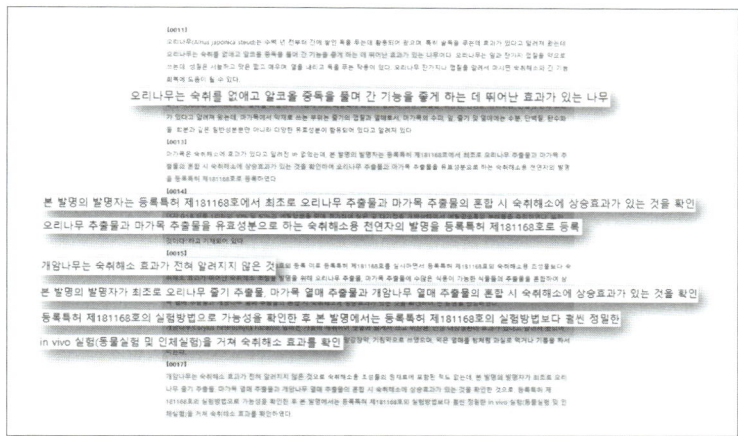

[그림 65] KR 10-1665584 발명의 상세한 설명

특허 상세 설명에는 바로 이 오리나무줄기와 마가목 열매, 그리고 개암나무 열매의 숙취에 대한 효능을 설명하고 있다.

여기서 주목할 점은 마가목 열매와 개암나무가 숙취에 대한 효능이 알려지지는 않았지만, 오리나무와 마가목을 함께, 그리고 오리나무와 개암나무과 섞었을 때 숙취에 효능이 있다는 것을 말하고 있다. 거기에 덧붙여, 이러한 특허 내용을 미리 입증한 또 다른 그래미의 등록 특허를 소개하면서 본인들의 발명을 보완하고 있다.

두 번째로 살펴볼 숙취해소제는 요즘 상한가를 달리고 있는 큐원의 '상쾌환(출원인: 주식회사 삼양사)'이다.

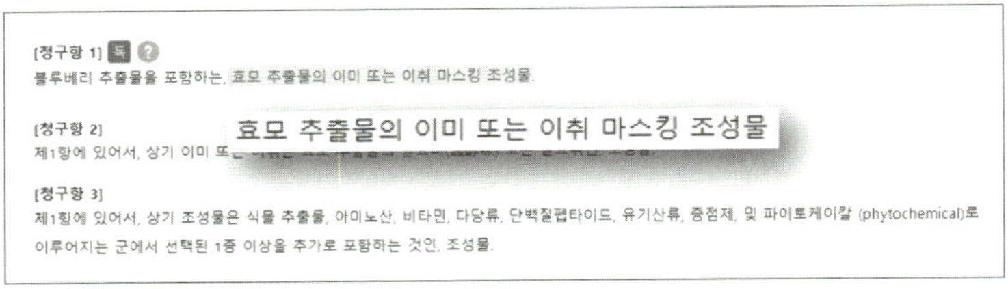
[청구항 1] 독
블루베리 추출물을 포함하는, 효모 추출물의 이미 또는 이취 마스킹 조성물.

[청구항 2]
제1항에 있어서, 상기 이미 또

효모 추출물의 이미 또는 이취 마스킹 조성물

[청구항 3]
제1항에 있어서, 상기 조성물은 식물 추출물, 아미노산, 비타민, 다당류, 단백질펩타이드, 유기산류, 증점제, 및 파이토케이칼 (phytochemical)로 이루어지는 군에서 선택된 1종 이상을 추가로 포함하는 것인, 조성물.

[그림 66] KR 2022-0059104 A 청구항 1항

이 특허에서는 상쾌환에 들어가는 재료들 중 '효모 추출물'이 숙취를 잡는 주요 성분이라고 설명하고 있다. 이 효모 추출물에는 알코올 분해에 효과적인 비타민, 아미노산, 미네랄 등의 성분이 들어 있다.

[0017]

상기 효모 추출물의 이미 또는 이취는 효모의 발효에 의해 발생한 발효미(醱酵味) 또는 발효취일 수 있다. 구체적으로, 효모 추출물은 효모의 발효 과정에서 관능적으로 바람직하지 않은 발효에 의한 독특한 이미(異味), 이취(異臭) 등이 발생하고, 이러한 이유 때문에 소비자들에게 외면 받고 있으며, 본 발명의 일 예에 따르면 효모 추출물의 이미 또는 이취를 마스킹하여 효모 추출물의 관능을 향상시킬 수 있는 마스킹 조성물을 제

상기 효모 추출물의 이미 또는 이취는 효모의 발효에 의해 발생한 발효미(醱酵味) 또는 발효취

[0025]

효모 추출물은 효모의 발효 과정에서 관능적으로 바람직하지 않은 발효에 의한 독특한 이미(異味), 이취(異臭) 등이 발생

복숭아, 오렌지, 레몬, 유자, 자몽, 청포도, 및 석류로 이루어지는 군에서 선택된 1종 이상의 과일 추출물을 포함하는 것일 수 있다. 바람직하게는, 상기 마스

블루베리 추출물에 의한 효모추출물의 이미 및 이취 마스킹 효과가 현저히 우수

경우 맛테스터기 분석 결과 효모추출물 단독 시료와 가장 멀리 위치하여 효모 추출물과 전혀 다른 관능을 나타냈으며, 라즈베리 추출물 또는 딸기 추출물을 마스킹제로 사용한 경우보다 효모추출물 단독 시료와 거리가 더욱 멀리 떨어져, 블루베리 추출물에 의한 효모추출물의 이미 및 이취 마스킹 효과가 현저히 우수했다.

[그림 67] KR 2022-0059104 A 발명의 상세한 설명

그런데 문제는 이 효모 추출물이 발효에 의해 발효미(맛)와 발효취(향)가 발생할 수 있다는 것이다. 다시 말해 발효가 온전하게 되지 않아 이미(이질적인 맛)나 이취(이질적인 향)가 발생할 수 있다는 것이다. 그래서 이러한 맛과 향으로 인해 소비자가 상쾌환을 외면하는 것을 예방하기 위해, 블루베리 추출물을 통해 맛과 향을 잡아 소비자가 거부감 없이 먹을 수 있게 했다고 소개하고 있다.

[청구항 16]

제7항에 있어서, 상기 조성물은 음료, 환, 또는 젤리 식품인, 조성물.

상기 조성물은 음료, 환, 또는 젤리 식품인, 조성물

[청구항 17] 독

제17항에 있어서, 상기 젤리는 반고상(半固相)의 스틱형 젤리인, 조성물.

상기 젤리는 반고상(半固相)의 스틱형 젤리인, 조성물

[청구항 18] 독

발효미(醱酵味) 또는 발효취를 갖는 효모 추출물을 포함하는 조성물에,

제1항 내지 제6항 중 어느 한 항에 따른 효모 추출물의 이미 또는 이취 마스킹 조성물을 첨가하는 단계를 포함하는, 효모 추출물의 이미 또는 이취 마스킹 방법.

[그림 68] KR 2022-0059104 A 청구항 16, 17항

실제로 많은 소비자들이 숙취해소제의 '맛'과 '향' 때문에 특정 제품을 거부하는 경우가 많다. 상쾌환은 이 부분을 인지하고 주목하여 최대한 소비자로 하여금 맛과 향에 대한 거부감을 줄여주고, 휴대하기 어려운 음료 형태 이외에 환 또는 젤리 형태까지 고려하여 특허를 등록받았다.

세 번째는 국내 1위 제품 '컨디션'에 대한 특허이다. 컨디션의 특허는 위 두 제품과는 또 다른 성분이 들어가 있는데, 자리 열매 추출물과 황기잎 추출물, 그리고 연자육 추출물이 바로 그것이다.

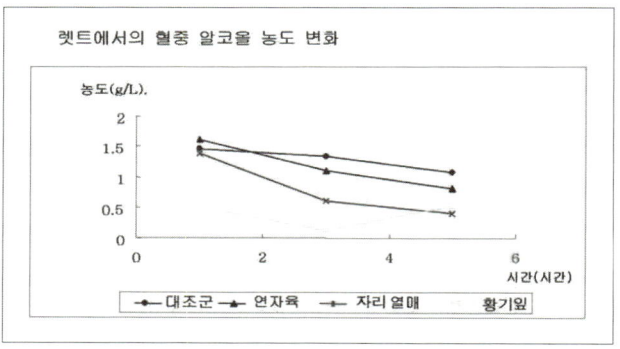

[그림 69] KR 0620093 B1 대표 도면

이 특허에서는 도면에서 혈중 알코올 농도 변화를 보여주어 실제로 해당 성분들이 효과가 있음을 보여주는 것이 눈에 띈다.

근데 이 성분들 중 연자육 추출물은 그래프 상에서 이상하게 숙취해소에 도움을 주지 못하고 있는데, 왜 숙취해소에 딱히 도움이 되지 않는 연자육 추출물을 넣은 것일까?

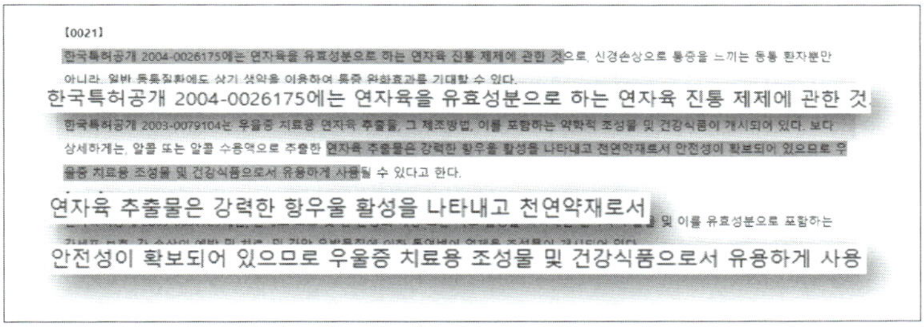

[그림 70] KR 0620093 B1 발명의 상세한 설명

그 이유는 [그림 70]의 상세 설명에서 언급한 것처럼 연자육 추출물이 진통 효과가 있으며 항우울에도 효과가 있기 때문이다.

컨디션 역시 여명 특허와 비슷하게 이전에 공개됐던 연자육 특허를 이용하여 연자육 추출물의 진통효과와 우울증 치료에 대한 효과를 언급한 것이 확인된다. 숙취를 해소하는 것도 중요하지만, 우울증 완화 및 진통제 역할을 하는 재료로서 당장 구토와 두통으로 고통받는 소비자들에게 진통효과를 제공하고자 했던 것이 좋은 포인트였다고 보인다.

3 마케팅을 위한 핵심 포인트를 특허 빅데이터로 찾아보자

그럼 이제 3개의 제품에 대한 비교를 통해 각 기업이 어떠한 포인트를 가지고 마케팅을 하는 것이 좋을지에 대해 확인해 보자.

위에서 살펴보았던 3개의 숙취해소제 특허 모두 약 250g의 흰쥐로 알코올 섭취 30분 전 투약을 하고 알코올 섭취 이후 혈중 알코올 농도를 잰 실험을 한 자료가 특허에 기록되어 있다.

		조성비(중량%)			혈중 알코올 농도(평균값±표준편차) [단위: µM]		
		개암나무 열매 추출물	오리나무 줄기 추출물	마가목 열매 추출물	알코올 투여 90분 후	알코올 투여 150분 후	알코올 투여 240분 후
실시예	a	70	10	20	567±45	501±32	399±62
	b	70	20	10	458±45	416±35	360±39
	c	60	10	30	451±53	426±49	301±51
	d	60	20	20	476±48	434±44	387±39
	e	50	20	30	546±42	504±45	455±48
비교예	a	80	10	10	605±57	537±60	470±56
	b	40	20	40	588±45	544±46	504±50
	c	-	30	70	643±50	601±53	551±56
	d	-	40	60	628±90	586±94	567±97
	e	-	50	50	614±57	571±57	540±51
	f	-	60	40	613±87	524±75	514±74

[그림 71] 여명 808 관련 특허 숙취해소 성분 투여 결과

첫번째는 여명 808 특허에 있는 알코올 투여 후 30분 뒤 여명 808의 숙취해소 성분을 투여한 결과이다. 실시예 5개 중 d가 여명의 숙취해소 성분이며, 표에 따르면 알코올 투여 후 약 2.5시간이 흐

른 뒤 혈중 알코올 농도 감소량은 최소 5%, 최대 19%(평균 12%)가량 감소했다.

표 3 시간	시료 1	시료 2	시료 3	대조군	정상군
0시간	0.06	0.06	0.07	0.08	0.07
1시간	5.47	5.46	5.67	6.19	0.05
3시간	4.66	5.83	5.19	6.12	0.11
5시간	3.87	4.53	3.54	4.33	0.06
8시간	1.92	2.10	2.62	2.79	0.05

[그림 72] 상쾌환 관련 특허 숙취 해소 성분 투여 결과

두 번째는 상쾌환 특허에 있는 알코올 투여 후 30분 뒤 상쾌환의 숙취 해소 성분을 투여한 결과이다. 시료 1번이 상쾌환의 숙취해소 성분이며, 표에 따르면 알코올 투여 후 약 3시간이 흐른 뒤 혈중 알코올 농도 감소량은 약 15% 가량 감소했다.

마지막은 위에서 비교한 두 개의 표와 동일한 조건으로 실험한 컨디션 특허의 그래프이다. 컨디션 특허는 정확한 수치와 표 등을 기재하지 않고 그래프로만 기재하였기 때문에 그래프 수치로 분석해 보았다.

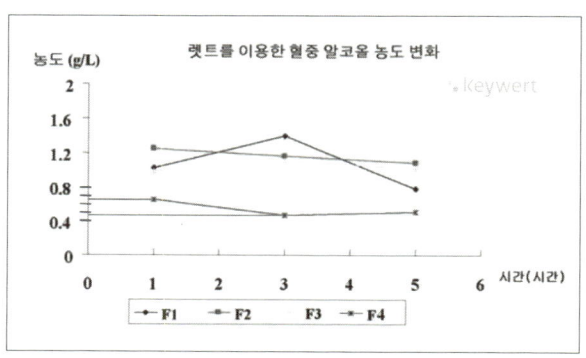

[그림 73] KR0620093B1(HK이노엔 보유특허) 5번 도면

컨디션에 있는 숙취 해소 성분은 F4 그래프와 동일하며 그 수치 변화는 알코올 투여 후 약 3시간이 흐른 뒤 약 25%가량 감소했다.

이렇게 3개의 숙취해소제에 대한 성능을 비교한 결과, 특허에 기록된 효과는 '컨디션'이 가장 우수하며 그다음 '상쾌환', 그리고 '여명 808' 순으로 확인되었다. 다시 정리해 보면, 3개의 숙취해소제는 각각 아래와 같은 특징을 특허 빅데이터를 통해 확인할 수 있었다.

'여명 808'은 본인들이 직접 숙취해소에 효능이 있는 재료를 발굴, 그 재료와 섭취법을 특허로 등록하여 그 특허를 다시 사용하여 숙취해소제에 대한 발명을 보완하였다.

'상쾌환'은 최대한 소비자 친화적으로 맛과 향 그리고 휴대성에 강조를 했다.

'컨디션'은 3개의 숙취해소제 중에서 숙취해소 효과가 가장 우수하다. 그리고 진통 효과가 있는 성분까지 제품에 추가하여 장기적인 숙취해소뿐만아니라 즉각적으로 소비자를 괴롭히는 두통에도 도움을 주고자 하였다.

따라서 '여명 808'은 숙취해소제에 사용하는 직접 발굴한 재료에 대한 우수성을 강조하는 것을 마케팅의 포인트로 잡는 것이 필요할 것으로 보인다.

다음으로 '상쾌환'은 맛, 향, 휴대성을 강조하여 마케팅을 집중할 필요가 있다(이 부분은 이미 이루어지고 있는 것으로 보인다).

마지막으로 '컨디션'은 가장 우수한 숙취제거 효과를 대대적으로 홍보하면서, 그 외에 숙취로 인한 두통까지 해결이 가능한 점을 포인트로 마케팅할 수 있을 것으로 보인다.

3장

스토리가 있는
분석 프로세스를 구축하라

지금까지 우리는 다양한 목적을 위해 특허 빅데이터에 어떠한 분석법들을 적용하면 되는지, 그리고 빅데이터 분석법의 적용을 통해 도출될 수 있는 다양한 인사이트를 예시로 확인했다.

이제는 여러 가지 분석법들을 통해 하나의 기술 분야를 분석하는 방법에 대해 실제 분석 사례를 가지고 확인해 보자.

분석 사례

재활용 플라스틱 분야 특허 빅데이터 분석

　최근 들어, 환경에 대한 이슈는 시장에서 중요하게 대두되고 있는 해결해야 할 과제 중 하나이다. 그중의 하나로 재활용 플라스틱을 들 수 있다. 미국의 한 연구팀에 의하면 플라스틱이 대중적으로 사용되기 시작한 1950년부터 2015년까지 생산된 총량이 무려 83억 톤에 이른다고 한다. 이는 미국 엠파이어스테이트 빌딩 2만 5,000개를 합한 무게에 해당된다. 심지어 여기에 매년 플라스틱 사용량이 증가하고 있는 추세이다.

　하지만 플라스틱은 자연적으로 분해되지 않기 때문에, 플라스틱 오염의 문제가 점점 심각해지고 있다. 우리나라의 경우, OECD 국가 중 분리수거율이 2위로, 플라스틱에 대한 분리 배출이 매우 잘 이루어지고 있는 편이지만, 이렇게 분리배출된 플라스틱의 재활용율은 고작 14%밖에 되지 않는다.

　이러한 문제점들을 해결하고자, 전 세계적으로 재활용 플라스틱에 대한 연구 개발이 이루어지고 있다.

　우리는 특허 빅데이터의 다양한 빅데이터 분석 방법을 적용하여, 재활용 플라스틱을 위해 어떠한 기술들이 연구개발되고 있는지, 시간에 따라 기술적 변화는 어떻게 이루어지고 있는지, 마지막으로 최근 새롭게 연구개발되고 있는 재활용 플라스틱의 신융합기술은 무엇이 있는지 확인해 보자.

1 분석 프로세스 구축

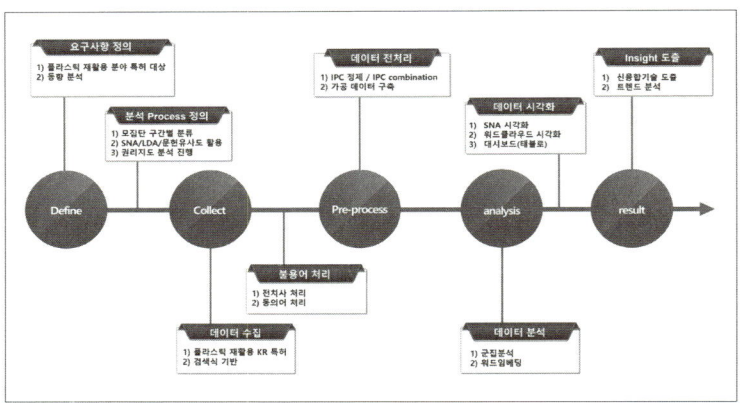

[그림 74] 재활용 플라스틱 특허 빅데이터 분석 프로세스

먼저, 특허 빅데이터 분석을 위한 분석 프로세스를 구축했다. 확인하고자 하는 사항을 요구사항으로 정의하고, 해당 요구사항을 해결하기 위해 SNA, LDA 분석 등을 활용했으며, 최종적으로 재활용 플라스틱의 연구개발 트렌드를 도출하고, 신융합기술을 찾아냈다.

2 플라스틱 재활용 기술에 대한 자동 기술 분류

재활용 플라스틱과 관련하여 한국에 출원된 특허들을 모두 검색한 결과 약 3,700건의 특허를 확인할 수 있었다.

그리고 이렇게 도출된 3,700건의 특허를 대상으로 LDA 기법을 통해 자동 기술 분류를 수행했다.

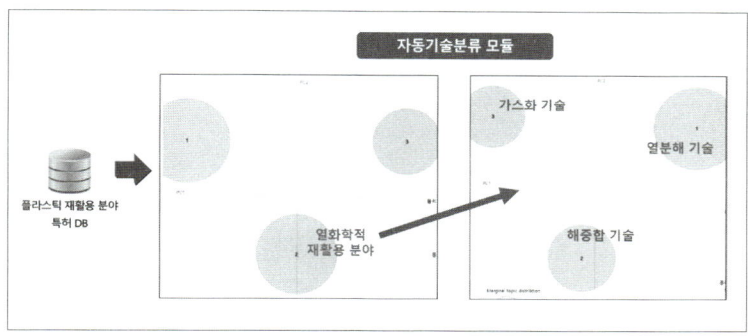

[그림 75] LDA 기법을 활용한 플라스틱 재활용 분야 특허 기술 분류

그 결과, 재활용 플라스틱은 크게 3개의 기술 분야로 구분되는 것을 확인할 수 있었으며, 그중 열화학적 재활용 분야에 대해서 세부적인 기술 분류를 수행했다.

열화학적 재활용 분야는 가스화 기술, 열분해 기술, 해중합 기술과 같이 3개의 기술 분야로 세분화해서 자동으로 분류됨을 확인할 수 있었다. 그중 열분해 기술이 클러스터의 크기가 가장 큰 것으로 보아, 가장 많은 연구개발이 이루어지고 있음을 확인할 수 있다.

이렇게 자동으로 분류된 기술 분류를 검증하기 위해, 각 기술 분류에 속한 특허들의 기술적 내용을 워드 클라우드로 도출하면 [그림 76]과 같다.

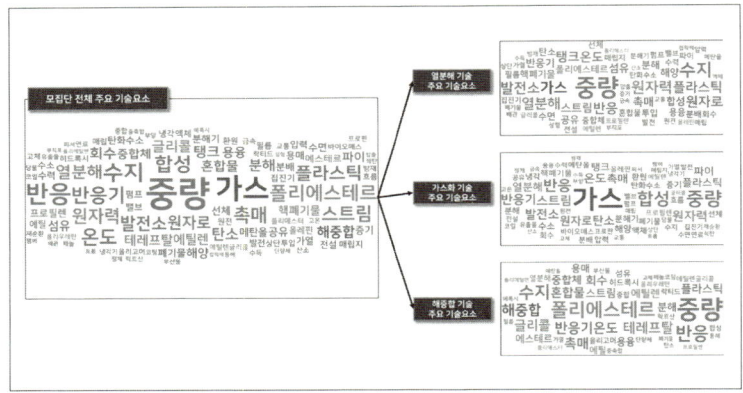

[그림 76] 기술 분야별 주요 기술요소 도출

열화학적 재활용 분야에 속하는 특허들 전체를 통한 기술요소 분석을 통해, 플라스틱의 중량과 플라스틱 종류(폴리에스테르, 폴리에스터, 글리콜 등)가 해당 기술에서의 필수적인 요소인 것으로 확인되며, 열화학적 재활용을 위한 기술적인 요소로는 가스, 열분해, 해중합이라는 단어가 확인됨을 알 수 있다.

그리고 열분해, 가스화, 해중합으로 구분된 소분류에 대한 각각의 주요 기술요소를 확인한 결과, 기술적 방식이 사용되는 플라스틱의 종류에 차이가 있음을 알 수 있다.

3 세부 기술에 대한 기술 트렌드 분석

3-1 열분해 기술 트렌드 분석

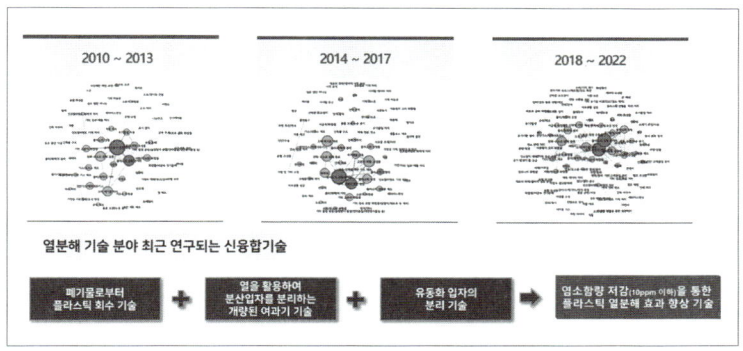

[그림 77] 열분해 기술 분야 신융합기술 도출

열분해 기술의 특허를 3개 구간으로 구분해 살펴본 결과, "유기 고분자 혼합 방법 기술"과 "플라스틱 성형 전처리 기술"이 지속적으로 중요한 기술인 것을 확인할 수 있다. 즉, 위에 언급한 두 가지의 기술이 열분해 기술의 기반 기술이라는 것을 알 수 있다.

이러한 기반 기술을 기준으로, 2014년도에서 2017년도에 "플라스틱 성형제" 기술이 새롭게 연결되었으며, 2018년에서 2022년도에는 기반기술과 "플라스틱 성형제" 기술과 더불어, "한화 수소유 분해 증류" 기술과 "고체 폐기물 처리 기술" 등이 새롭게 연결성을 보였다.

최근 이러한 신규 연결성을 보이는 기술군들에 속하는 특허들을 검토한 결과, 열분해 기술은 최근 "염소 함량 저감을 통한 플라스틱 열분해 효과 향상 기술"에 대한 연구 개발이 이루어지고 있는 것을 알 수 있다. 도출된 신기술은 염소 함량이 높은 경우, 플라스틱 열분해가 잘 이루어지지 않는 문제점을 해결하기 위한 것이다.

우리는 위의 분석을 통해 재활용 플라스틱의 열분해 기술에서 지속적으로 중요한 기반 기술군과 더불어 새롭게 등장한 신융합 기술을 확인했다.

그럼 이제는 기반 기술의 키워드 분석을 통해 기술적으로 중요해지는 핵심 기술요소를 찾아보자.

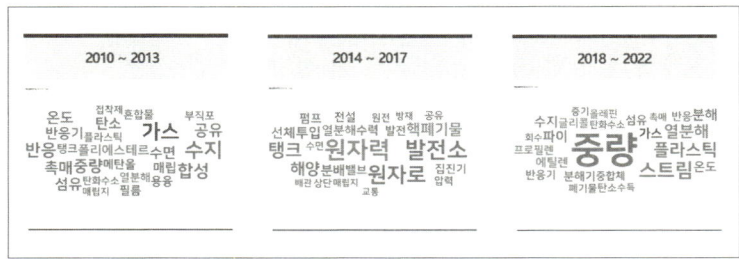

[그림 78] 열분해 기술 출원연도 구간별 트렌드 분석

[그림 78]은 열분해 기술의 특허를 3개 구간으로 구분해, 핵심 기술요소를 찾기 위한 키워드 분석 결과를 시각화한 것이다. 시간이 지남에 따라, 열분해를 이용해 처리되는 플라스틱 종류가 증가되고 있으며, 그에 따라 각 플라스틱의 중량을 활용하여 분류하는 기술의 연구개발이 집중되고 있는 것을 알 수 있다.

다음으로 최근 구간에서 폐기물 스트림 처리에 대한 중요도가 급격히 증가하고 있는 것을 통해, 기반 기술에서의 연구개발 포인트는 폐기물 스트림 처리라는 것을 알 수 있다. 동일한 방식으로 가스화 기술과 해중합 기술을 분석한 결과는 아래와 같다.

3-2 가스화 기술 트렌드 분석

가스화 기술의 특허를 3개 구간으로 구분해 살펴본 결과, "타 물질로부터 플라스틱을 분리하는 기술"과 "부분 산화법을 기초로 일산화탄소와 수소를 포함하는 가스 제조 기술" 및 "탄소 수소유의 분해 증류 기술"의 결합을 통해 "처리하지 못했던 폐기물 스트림에 대한 처리 기술"이 새롭게 등장한 신기술로 확인된다.

또한, 핵심 기술요소를 찾기 위한 키워드 분석을 통해 확인한 결과, 시간이 지남에 따라 가스를 활용하여 플라스틱을 재활용하는 기술에서 열분해와 가스화의 결합을 통한 분해 기술에 대한 연구개발로 발전되는 모습을 볼 수 있다.

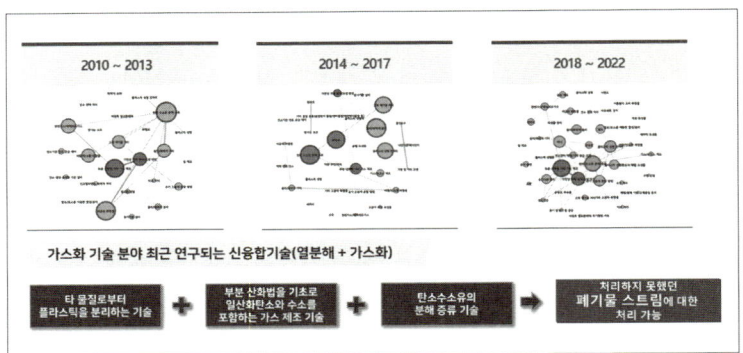

[그림 79] 가스화 기술분야 신융합기술 도출

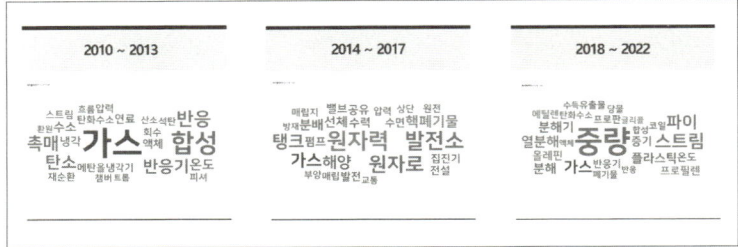

[그림 80] 가스화 기술 출원 연도 구간별 트렌드 분석

최근에는 가스화를 이용하여 처리하는 플라스틱 종류가 증가하고 있으며, 그에 따라 각 플라스틱의 중량을 활용해 분류하는 기술의 연구개발이 집중되고 있다.

3-3 해중합 기술 트렌드 분석

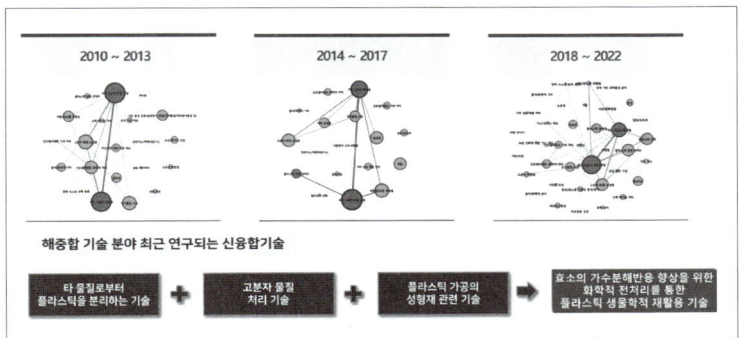

[그림 81] 해중합 기술분야 신융합기술 도출

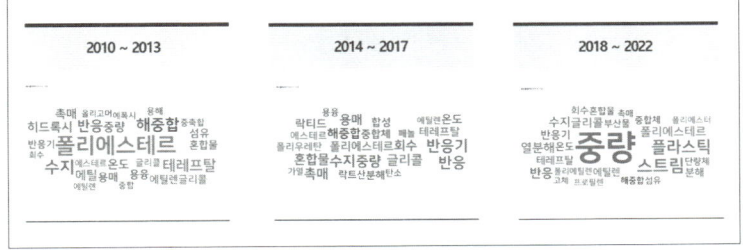

[그림 82] 해중합 기술 출원연도 구간별 트렌드 분석

해중합 기술의 특허를 3개 구간으로 구분해 살펴본 결과, "타 물질로부터 플라스틱을 분리하는 기술"과 "고분자 물질 처리 기술" 및 "플라스틱 가공 성형재 기술"의 결합을 통해 "효소의 가수분해 반응 향상을 위한 화학적 전처리를 통한 플라스틱 생물학적 재활용

기술"이 새롭게 등장한 신기술로 확인된다.

또한 핵심 기술요소를 찾기 위한 키워드 분석을 통해 확인한 결과, 시간이 지남에 따라 다양한 플라스틱에 해중합 기술을 적용하기 위한 연구개발이 이루어지고 있으며, 최근에는 열분해와 해중합 기술의 기술적 결합을 통한 성능 향상 기술이 높은 비중으로 연구되고 있는 것을 알 수 있다.

플라스틱 재활용 분야를 분석한 것과 같이, 우리의 사업 영역에 대한 기술 분석을 특히 빅데이터 분석을 통해 진행한다면, 과거부터 지금까지의 기술 개발 트렌드를 확인할 수 있음은 물론이고, 새롭게 연구개발되는 신융합기술을 도출할 수 있으며, 이를 기초로 우리 기업의 R&D 방향 등을 제시할 수 있게 된다.

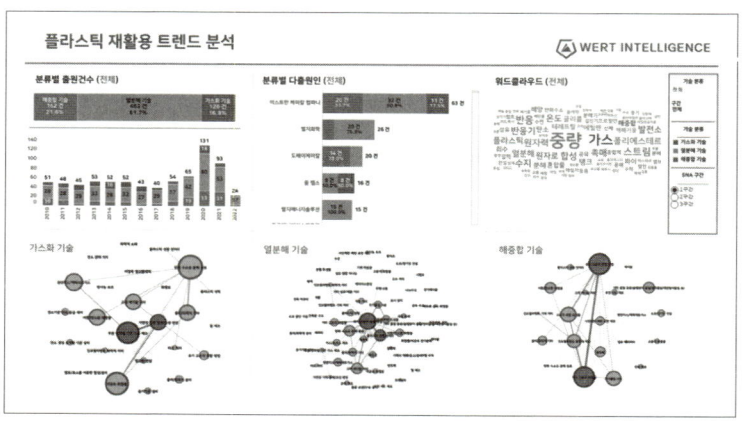

[그림 83] 태블로 툴을 활용한 플라스틱 재활용 트렌드 분석 시각화 자료

이와 관련된 데이터 분석 결과는 태블로(Tableau)라는 시각화 툴을 이용해 의사 결정자에게 제공될 수도 있다는 것이 데이터 분석의 강점이라 볼 수 있다. 이러한 대시보드를 활용하면, 실시간으로 필터를 걸어 원하는 데이터에 대한 시각화 자료를 도출할 수 있다. 본 시각화 대시보드는 [그림 84]의 QR 코드로 접속하면 누구나 확인할 수 있으니, 참고하자.

[그림 84] 재활용 플라스틱 시각화 자료

5

2023년 신기술 기반 비즈니스 예측

1장
특허 빅데이터를 활용한 신기술 도출 방법

2장
Hot Tech 기반, 2023년 신기술 도출

3장
New Tech 기반, 2023년 신기술 도출

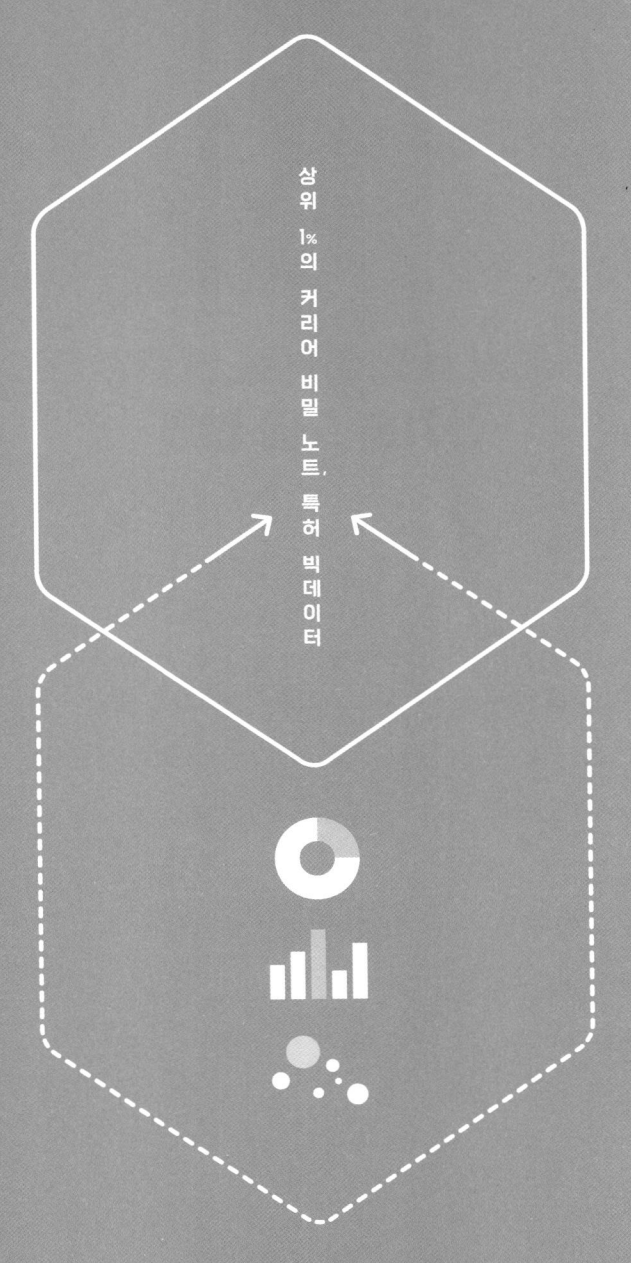

1장

특허 빅데이터를 활용한 신기술 도출 방법

일반적으로 우리가 시대의 트렌드를 볼 때 가장 중요하게 생각하는 요소는 키워드이다. 조금 더 자세히 이야기하면, 새롭게 등장한 New 키워드와 가장 많이 사용된 Hot 키워드를 중요하게 확인한다. 그래서 연말과 연초가 되면 가장 많이 검색된 키워드, 내년을 대표하는 키워드 등 다양한 키워드 중심의 트렌드를 설명하는 글과 책들이 쏟아져 나온다.

그렇다면 먼저, 가장 많이 사용된 Hot 키워드를 중요하게 생각해야 하는 이유에 대해 알아보자.

2022년 구글의 한국 다(多)검색 키워드를 찾아보면 "기후 변화", "2022 FIFA 카타르 월드컵", "이태원 사고", "우크라이나" 등이 확인된다.

우리는 위의 키워드를 보기만 해도, 2022년에 어떠한 일들이 중요 이슈였는지 바로 떠올릴 수 있다. 먼저, 기업 경영에서 ESG(Environmental, Social and Governance)가 대세로 떠오르면서 "기후 변화"에 대한 관심이 매우 높아졌음을 떠올릴 것이다. "2022 FIFA 카타르 월드컵"이라는 키워드에서는 우리나라가 12년 만에 월드컵 16강에 진출했었음을 떠올릴 수 있다. 이외에는 "이태원 사고"와 같이 국내에서 일어난 안타까운 사고와 "우크라이나"를 통한 전쟁 등 국내외 이슈를 떠올릴 수 있다.

이와 같이 Hot 키워드는 한 시대를 대표하는 중요 사건들에 대한 키워드이다. 이를 특히 빅데이터 관점에 적용해 보면, Hot 키워드 또는 Hot 기술군은 기술적으로 중요성이 높은 기술들을 알 수 있는 매우 중요한 데이터로 볼 수 있다.

다음으로는 New 키워드를 살펴보는 것이 왜 중요한지에 대해 알아보자.

2022년 새롭게 등장한 신조어 중에는 "식집사"라는 키워드가 있다. '식물'과 '집사'의 합성어로 반려식물을 기르는 사람을 일컫는다. 반려동물에 이어 식물을 집에서 키우는 사람들이 증가하고 있는 트렌드를 보여주는 신조어이다.

또한 "좋댓구알"이라는 키워드도 있다. 유튜브 플랫폼의 활용이 늘어남에 따라 '좋아요, 댓글, 구독, 알림 설정'의 줄임말이 하나의 키워드로 새롭게 등장한 것이다. 이를 특허 빅데이터에 적용하여, 새롭게 등장한 키워드 또는 새롭게 등장한 기술요소를 확인함으로써, 최근에 새롭게 등장한 기술들을 확인할 수 있고, 이를 통해 새로운 인사이트를 얻을 수 있다.

2장

Hot Tech 기반, 2023년 신기술 도출

    Hot Tech는 최근에 특허 출원이 가장 활발하게 이루어지는 기술 분야를 의미한다. Hot Tech를 선정하기 위해, 2020년 1월 1일부터 현재까지의 특허를 모집단으로 선정했으며, 특허출원 건수는 약 38만 건이다.

    38만 건의 출원특허들의 IPC(International Patent Classification) 코드를 이용하여, 최근 특허출원이 많이 이루어지고 있는 Hot Tech를 선정했다. 본 책에서는 IPC 코드를 이용했지만, CPC 코드, KSIC-산업분류 코드 등 다양한 분류 코드를 이용할 수도 있다.

구체적으로, IPC 코드의 서브클래스(subcalss)에서 TOP3 IPC 코드를 선정했으며, TOP3 IPC(subclass) 코드들의 서브그룹(subgroup)을 세부적으로 검토하여, 가장 많은 출원 건수를 보유하고 있는 TOP3 IPC(subgroup) 코드를 추출했다.

이를 통해, 예측 데이터 처리 시스템(G06Q) 기술과 반도체 장치(H01L) 기술이 최근의 Hot Tech인 것을 알 수 있다.

Hot Tech 1 G06Q-030/06: 구매, 판매 또는 임대 거래 기술

이전 구간인 2017년부터 2019년 사이에는 카메라를 이용한 이미지 데이터를 확보하고, 확보된 이미지의 데이터 처리를 통해 사용자와 제품을 매칭하는 기술이 연구개발되었다.

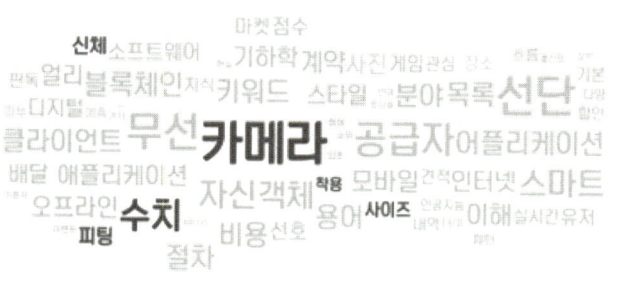

[그림 85] 2017~2019, LDA 기반 주요 Topic Word Cloud

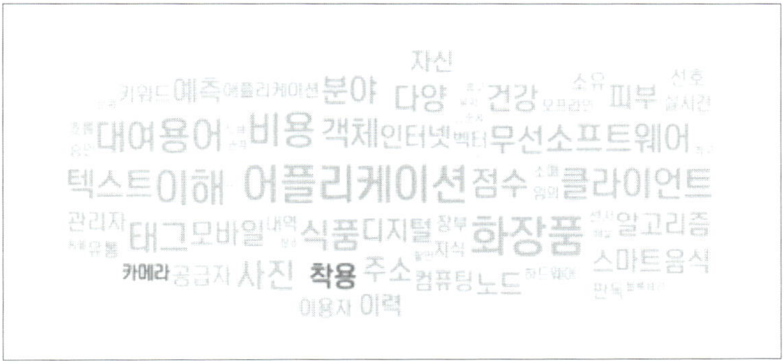

[그림 86] 2020~현재, LDA 기반 주요 Topic Word Cloud

　구체적으로 신체, 착용, 수치, 피팅, 사이즈와 같은 키워드에서 알 수 있듯이 이미지 데이터로 확인할 수 있는 정보들을 기반으로 사용자의 신체 사이즈를 예측하여 알맞은 옷을 추천하는 서비스에 대한 연구개발이 주를 이루었다.

　최근 구간인 2020년부터 현재까지는 화장품, 피부, 건강, 예측 키워드가 이전 구간에 비해 그 중요성이 커졌다. 주요 내용으로는 사용자에게 맞는 성분을 추천해 그에 맞는 화장품, 건강제품을 추천해 주는 서비스를 제공하는 기술이다.

　또한 대여 키워드의 중요성도 커졌다. 구체적으로 다양한 제품(차량, 드론, 장소 등)의 대여를 쉽게 할 수 있는 서비스에 대한 연구개발이 이루어졌다.

즉, 과거에는 이미지 데이터 처리를 기반으로 한 사용자의 의류 구매 목적의 서비스 개발이 주를 이루었다면, 최근에는 사용자의 체질에 맞는 화장품이나 건강을 위한 제품들을 니즈에 따라 구매 또는 대여가 가능하도록 추천해주는 서비스에 대한 연구개발이 주를 이루고 있다.

우리 산업의 형태는 그동안 대부분 제품/물건을 판매하여 수익을 창출하는 것이 주를 이루었다. 하지만 최근 공유경제에 대한 관심이 증가하면서, 카 셰어링, 공유 오피스와 같이 온라인 기반의 개방형 비즈니스 모델이 증가하고 있다.

그에 따라 기술의 흐름 역시, 기존에 사용자가 구매하는데 궁금해하는 부분들을 해소하기 위한 데이터 처리 기술에서, 사용자의 니즈에 따라 구독 또는 대여가 온라인상에서 24시간 자유롭게 가능하도록 하기 위한 기술로 연구개발이 되고 있음을 알 수 있다.

구체적으로 살펴보면 이전 구간의 적은 비중의 키워드였던 "화장품", "대여", "피부", "건강"이 최근 구간에서 중요 키워드로 떠오르고, 산업의 변화에 따라 기술도 함께 변화되어 왔음을 알 수 있다.

이와는 반대로 이전 구간에서는 중요했던 "의류"와 관련된 키워드의 중요도가 최근 구간에서는 감소하는 것을 통해, 이미지 데이터로 확인할 수 있는 정보를 기반으로 사용자에게 의류를 추천해 주는 기술에 대한 수요가 감소한 것을 알 수 있다.

관련 기술로는, KR 2022-0046927 A(유전자 정보를 기반으로 한 화장품 추천 방법, 화장품 추천 장치, 화장품 추천 시스템)과, KR 2021-0029733 A(피어 투 피어[2] 기반 물품 대여 시스템 및 이를 이용한 물품 대여 방법) 등이 확인된다.

Hot Tech 2 G06Q-050/10: 서비스 기술

이전 구간인 2017년부터 2019년 사이에는 "관제" 키워드가 매우 두드러지며, 이와 함께 "장소", "시설물", "드론", "점검" 키워드가 매우 중요한 키워드로 확인되었다.

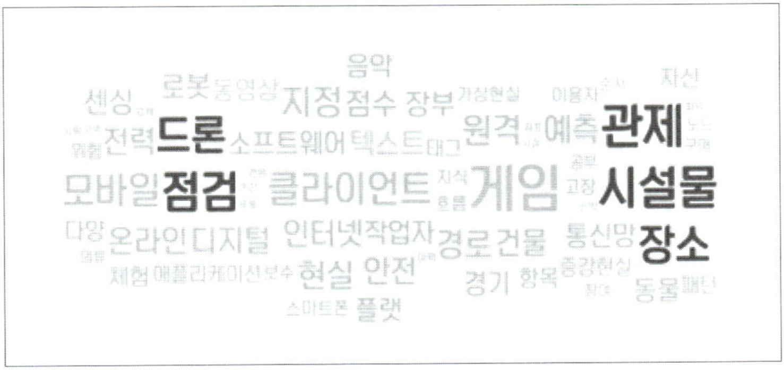

[그림 87] 2017~2019, LDA 기반 주요 Topic Word Cloud

---

2   피어 투 피어(Peer-to-peer, 네트워크 상에 대등한 기능을 갖는, 복수의 컴퓨터를 연계시키는)

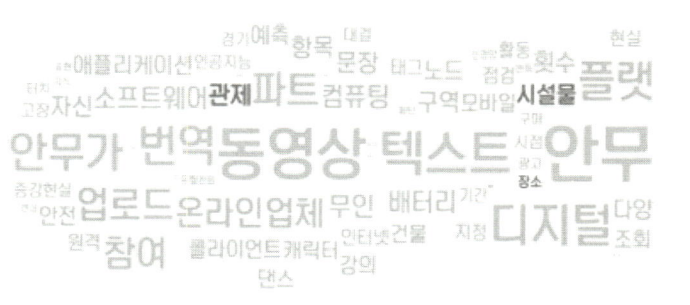

[그림 88] 2020~현재, LDA 기반 주요 Topic Word Cloud

즉, 장소, 시설물들에 대한 점검을 드론을 이용해 수행하고, 이를 관제하기 위한 기술들이 핵심적으로 연구개발된 기술이라 볼 수 있다. 그와 더불어, 모바일을 이용한 관리 프로그램 및 게임 관리 및 예측 게임과 같은 기술이 연구개발되었다.

최근 구간인 2020년부터 현재까지는 "안무", "동영상", "안무가", "파트"의 키워드가 매우 중요한 키워드로 확인된다. 이러한 키워드를 통해, 안무 콘텐츠 기반의 부가 서비스를 제공하는 기술이 집중적으로 연구개발된 것을 알 수 있다.

그와 함께 "텍스트" 키워드와 "번역" 키워드를 통해 텍스트의 번역을 위한 서비스에 대한 특허 출원이 다수 이루어진 것을 알 수 있다.

즉, 과거에는 예측용 데이터 처리를 기반으로 장소와 시설물을 무인으로 점검하는 기술이 주요 연구개발 기술이었으나, 최근에는 사용자에게 제공되는 콘텐츠(예를 들어, 안무 동영상 또는 번역본 등)에 대하여 서비스 질을 높이기 위한 연구개발이 주를 이루고 있다.

예측용 데이터를 이용한 서비스 제공 기술은 그동안 무인 서비스에 포커스 되어있었다. 즉, 데이터를 기반으로 사람이 아닌 기계가 예측하고 이를 기반으로 인간을 대체할 수 있는 무인 서비스에 대한 연구 개발이 주를 이루었다.

하지만 예측 데이터를 처리하는 획기적인 기술을 통해 이제는 단순히 무인 서비스뿐만 아니라 다양한 분야에서의 예측을 통한, 사람들의 니즈를 충족시키는 기술로 발전하고 있는 것을 알 수 있다.

텍스트를 번역하는 기술은 굉장히 전문적인 부분의 영역이다. 텍스트를 단순히 번역하는 것이 아니라, 문장과 문장 간의 연결을 통한 의미를 파악할 수 있어야 하는데, 데이터를 통해 텍스트가 전하고자 하는 의미를 예측하고, 이러한 예측 결과를 기반으로 번역 작업을 함으로써, 인간이 번역한 품질과 유사한 품질의 번역문이 생성될 수 있게 되었다.

이와 같이 예측용 데이터 처리를 기반으로 한 서비스들이 무인 서비스에서 개별 니즈를 충족하기 위한 기술로 발전되고 있다.

관련 기술로는, KR 2021-0120653 A(안무 콘텐츠 서비스 제공 방법), KR 2310578 B1(최적의 번역 모델을 활용하여 전문 번역 서비스 플랫폼을 제공하기 위한 방법) 등이 있다.

> **Hot Tech 3** H01L-021/67: 반도체, 웨이퍼 적용 장치 기술

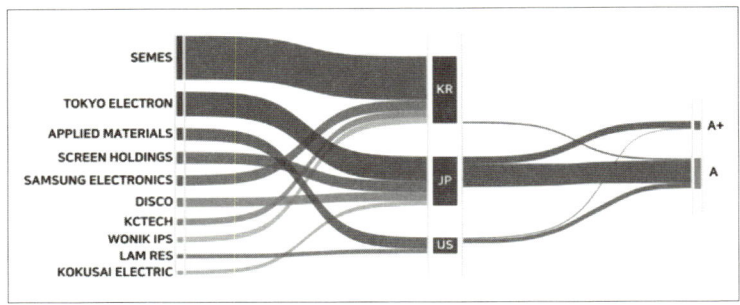

[그림 89] 2017~2019, 다출원인 현황 및 국가별 특허평가등급 비교

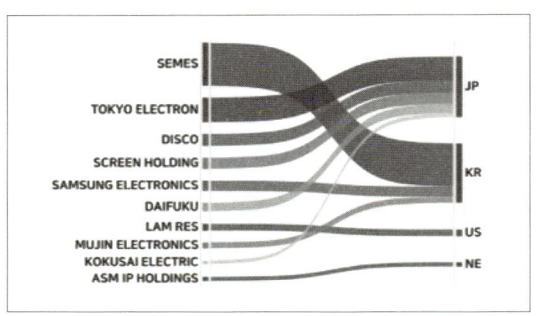

[그림 90] 2020~ 현재, 다출원인 현황

한국 특허 시장에서의 웨이퍼에 적용되는 반도체 장치와 관련된 기술은 소부장 중에 하나인 기술 분야로, 국산화를 위한 연구개

발 비용이 많이 투자된 기술 분야다. 하지만 출원 건수를 이용해 다출원인을 살펴본 결과, 일본 출원인이 다수의 특허를 출원하고 있음을 알 수 있다. 또한 2017년부터 현재까지의 전체 특허를 통해 상위 23%의 품질을 갖는 특허의 수를 비교해 보면, 일본이 우리나라의 64배에 달하는 건수를 보유하고 있다.

국내 총 수출액의 20%, 국내 제조업 총 생산의 10%를 담당하며 수십 년간 우리 경제를 지탱해 온 반도체 산업은 위상과 규모가 남다르다 볼 수 있다. 하지만 우리나라의 반도체 업계는 소부장을 일본에서 수입해 사용했다.

이를 해결하기 위한 연구를 국가적으로 지원하고는 있으나, 최근 구간에서도 일본 국적의 기업이 국내 IP 시장에 대한 진출이 활발하고 국내에 이미 고품질 특허를 다수 보유하고 있기 때문에 이에 대한 대응이 필요함을 알 수 있다.

소부장에서의 특허 확보는 사업 영위에 지대한 영향을 끼친다. 최근까지도 K-디스커버리 도입을 고민하는 이유도 여기에 있다. 특허권을 확실히 보호하겠다는 제도의 취지는 좋으나, 해외 소부장 업체가 공격적으로 소송을 진행한다면 국내 기업에 피해가 발생할 가능성이 높아지기 때문이다. 따라서 본 분야에 대해 빠른 국산화를 위한 연구개발이 필요하다.

3장

New Tech 기반,
2023년 신기술 도출

New Tech는 최근에 들어 새롭게 등장한 IPC 조합을 의미한다. 이전 구간에서는 존재하지 않는 IPC 조합이었으나, 최근 구간에서 새롭게 등장한 IPC 조합을 New IPC로 선정했다.

여기서 IPC 조합이란, 하나의 특허 내에 존재하는 IPC들 간의 조합을 의미한다. 하나의 특허 안에 4개의 IPC 코드가 부여되어 있다면, 4개의 IPC 조합을 통해 만들 수 있는 콤비네이션을 의미한다.

IPC 코드는 기술적 특징을 기반으로 분류된 코드이며, 복수의 IPC 코드가 하나의 문헌에 부여가 되었다는 것은, 2개 이상의 기술적 특징이 해당 문헌에 기재되어 있다는 의미이다. 따라서 2개 이상의 기술이 융합된 융합 기술에 관한 특허이다.

New Tech를 도출하기 위하여, 2021년 1월 1일 출원된 한국 전체 특허 146,347건에서 IPC 콤비네이션 조합 전체를 도출했다(23,770 조합). 다음으로 과거부터 2020년 12월 31일까지 출원된 한국 전체 특허 5,910,872건에서 IPC 콤비네이션 조합 전체를 도출했다(59,228 조합). 이렇게 도출된 2개의 IPC 콤비네이션 조합의 차집합을 통해, 2020년 12월 31일까지 등장하지 않았던 IPC 조합인 New Tech IPC 콤비네이션 1,773개의 조합을 도출했다.

New Tech가 도출된 주요 기술군을 확인한 결과, G06Q(관리용, 상업용, 금융용, 경영용, 감독용 또는 예측용으로 특히 적합한 데이터 처리 시스템 또는 방법) 기술군이 압도적으로 많은 New Tech가 개발된 것을 확인할 수 있다.

이는 앞서 설명한 데이터 기반의 디지털 트랜스포머의 비즈니스 변화에 따른 기술 개발이 적극적으로 이루어지고 있다는 것을 특허 빅데이터를 통해 확인한 결과라 볼 수 있다.

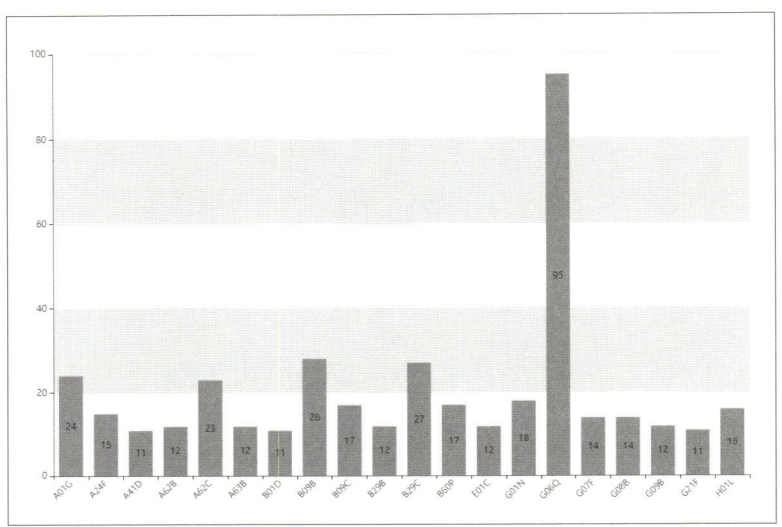

[그림 91] New Tech 도출 주요 기술군

    이것은 최근 모든 기업이 데이터를 기반으로 의사 결정을 하고자 하는 노력에 있으며, 이를 위해 데이터를 처리하는 기술을 기초로 다양한 산업군에서의 융합 기술이 새롭게 연구개발되고 있는 것이다.

    New Tech에 대한 출원이 많이 이루어진 기업을 확인해 보면, 삼성전자와 LG전자가 국내에서 가장 많은 신기술에 대한 연구가 이루어지고 있음을 알 수 있다. 삼성전자와 LG전자는 모두 데이터 처리를 기반으로 한 신기술의 연구를 하고 있으며, 특히 가전제품에서 다양하게 데이터를 활용한 신기술을 개발하는 것으로 확인된다.

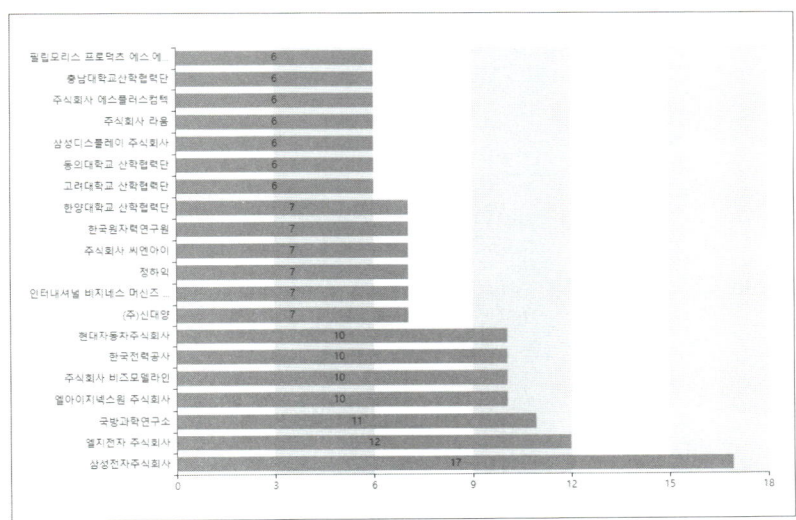

[그림 92] New Tech 다출원인 도출

특이한 New Tech 출원인으로는 국방과학연구소가 확인되는데, 레이저를 이용한 피아 식별 기술을 비롯하여, 무인 체계에 대한 연구개발, 기폭 장치를 자동으로 실행시키기 위한 방법 등이 연구개발되고 있는 것으로 확인된다.

[New Tech 1] 의약용 제제(A61K) + 초음파 전력 배전(H02J)
: 생체 주입을 통한 내부 항암 물질 생성 기술

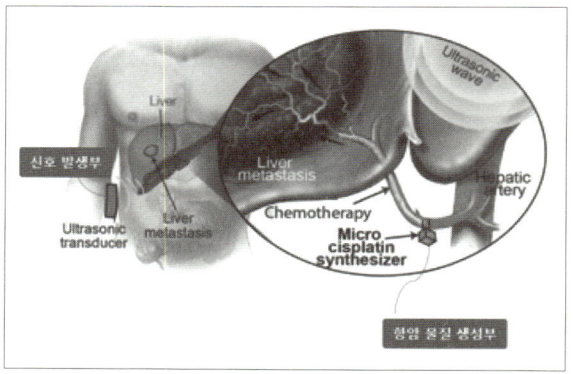

[그림 93] KR 2362824 B1(숙명여자대학교 산학협력단)

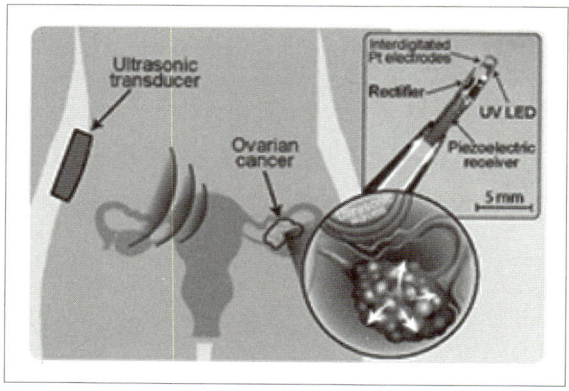

[그림 94] Implantable Cisplatin Synthesis Microdevice for Regional Chemotherapy

하지만 이러한 연결성이 최근에 새롭게 등장했음을 특허 빅데이터 분석을 통해 확인했다. 과거, 의약용 제제의 연구개발에서 주요 연구개발 기술 중 하나로는 항암을 위한 기술이 있었다. 성공적인 항암 치료가 가능하도록 제제의 연구개발을 하거나, 신규 항암제를 개발하는데 주력했다.

그리고 이러한 항암제들의 연구와는 별개로, 초음파 전력 배전 기술 또한 항암 분야에서 연구가 되었다. 외부에서 초음파를 조사함으로써 내부에 주입된 항암제의 화학적 반응이 활발해지도록 하기 위한 기술로 발전되어 왔다.

이러한 두 개의 기술이 최근 하나의 문헌에서 연결되어 나타났다. 이 기술은 인체 내부에 약물을 투여하는 것이 아니라, 항암제를 새롭게 생성하기 위한 초음파 모듈을 투여하는 것이다. 투여된 모듈은 인체 내부의 암세포 근처에서 전기분해를 통해 화학 반응을 일으켜 항암 물질을 생성한다. 즉, 의약용 제제와 초음파 전력 배전의 융합 기술을 통해 생체 주입을 통한 내부 항암 물질 생성 기술이 최근에 새롭게 등장한 것을 알 수 있다.

기존에 초음파를 활용한 항암 치료법은 조영제를 인체에 주입하여, 특정 주파수의 초음파를 발생시킴으로써 암세포의 괴사를 유도하는 치료법이었다. 즉, 조영제와 초음파의 기술적 연결은 단순히 인체에 투여되는 조영제에 반응의 유도를 외부에서 함으로써, 암을 치료하는 기술이었다.

　반면에 새롭게 나온 기술은 항암제 투여에 대한 근본적인 방식을 바꾼 기술이며, 이를 바탕으로 항암제 이외의 다른 의약용 제제를 인체 내부에서 생성하여 치료하는 기술에 발전이 이루어질 것을 예측할 수 있다.

　Cisplatin(시스플라틴)은 암 치료에 널리 사용되는 항암제 가운데 하나로, 여러 종류의 암 치료제로 사용되고 있지만, 섭취로는 약의 효능을 발휘할 수 없는 문제가 있다.

　이에 도출된 New Tech를 활용하여, 체내에서 약의 효능을 발휘할 수 있도록 Cisplatin(시스플라틴)을 합성하는 최초의 장치가 개발되었다. 특히 이 장치는 마이크로 크기의 작은 크기를 가지고 있으며, 비독성 장치가 항암 물질을 국소적으로 생성함으로써 생체가 받는 부작용을 최소화하는 기술이다.

[New Tech 2] **액상 퇴비 살포(A01C) + 미분방정식 데이터 처리 (G06F): 미분방정식을 이용한 수경재배 시스템 급액 관리 장치**

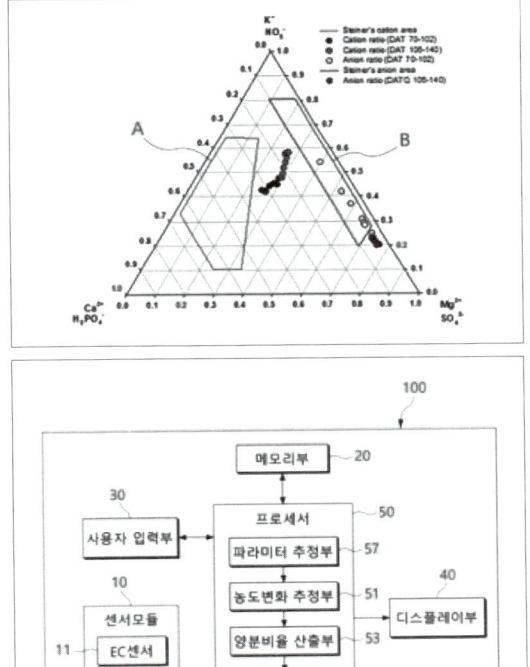

[그림 95] KR 2022-0043648 A(한국과학기술연구원)

세계 인구는 지속적으로 증가하고 있으며, 토지가 황폐해져 가면서 미래 가장 큰 문제로 식량문제가 대두되고 있다. 이를 해결하기 위해 스마트팜 기술 중 하나인 수경재배 기술이 연구개발되고 있다.

토양을 이용하지 않은 무토양 상태에서 작물을 재배하는 수경재배에서 식물에 양분을 공급하기 위한 액상 퇴비 살포 기술은 주요 기술요소 중 하나이다.

주요 기술요소인 액상 퇴비 살포 기술은 1999년 처음으로 연구가 시작되었다. 2010년대에 들어서면서 데이터의 중요성이 커지고 그에 따라, 스마트 팜의 근간 기술인 데이터 측정/처리와 융합된 액상 퇴비 살포 기술이 2016년에 최초로 개발되었다.

이와 관련된 지속적 연구 끝에, 데이터 측정/처리 기술 중 미분방정식 데이터 처리 기술이 2020년에 처음으로 액상 퇴비 살포와 하나의 문헌으로 연결되어 새로운 신융합 기술로 나타났다.

이 기술은 미분방정식을 수경재배 시스템에 적용하여, 양액 내 개별 양분의 농도 변화를 예측하고, 작물 생육에 최적의 양액 공급 가이드를 제공하는 기술로 최근에 새롭게 등장한 신융합기술이다.

기존에 활용되었던 소형 수경재배 시스템의 양액 관리는 양액 탱크의 수위 또는 미리 정해진 사용기간이 도래한 경우 정해진 양에 따라 농축 양액을 보충하는 방식으로 이루어졌다. 하지만 이러한 기존 방식은 작물에 실질적으로 필요한 양을 고려하지 않고 일률적인 양을 제공하면서, 작물 생산량이나 생육이 크게 저하되는 문제가 있었다.

반면에 새롭게 도출된 신융합기술은 양분의 농도 변화를 예측함으로써, 적절한 양분을 식물에 제공하는 기술이다. 이를 바탕으로 비전문가도 수경재배를 통해 작물을 생산할 수 있으며, 이에 따라 가정용 수경재배 장치에 대한 기술이 발전할 것을 예측할 수 있다.

본 기술은 각 양액 성분 간의 균형을 고려하여 작물 생육에 최적화된 양액 공급이 이루어질 수 있도록 가이드 정보를 제공함으로써, 비전문가도 양분 관리를 용이하게 수행할 수 있는 기술이다. 이를 통해, 가정에서도 소규모 수경재배를 할 수 있으며, 작물의 생산성을 높이는 기술을 제공할 수 있다.

New Tech 3 윙 개폐(E05F) + 계산모델 컴퓨터 시스템(G06N): 딥러닝 학습 기반 문 자동 개폐 기술

최근 가전제품 산업은 인공지능(AI), 사물인터넷(IoT) 기술 등을 가전제품에 접목하여 사용자의 편의성을 높여주는 기술로 발전하고 있다. 이런 산업 흐름에 발맞춰 국내외 많은 가전제품 제조 기업들은 앞다퉈 스마트 가전 연구개발에 집중하고 있다. 이에 따라 기존 가전제품에 사용되었던 기술에 새로운 기술이 융합되어 등장한 신융합 기술들이 다수 확인되었다.

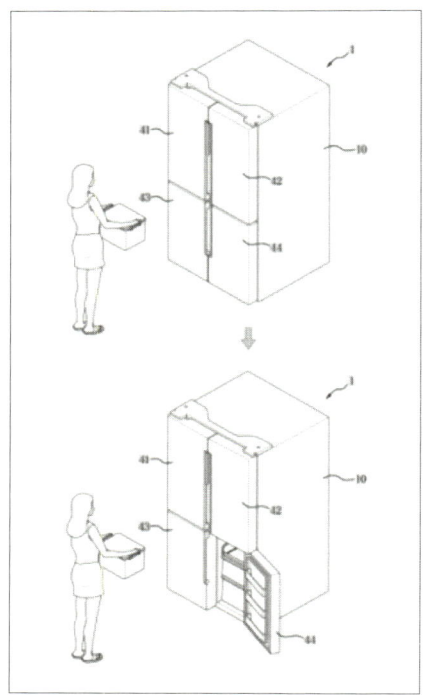

[그림 96] KR 2021-0103608 A(삼성전자 주식회사)

그중 하나로, 2020년 처음으로 도어에 사용되는 단순한 윙 개폐 기술이 인공지능에 사용되는 계산모델 컴퓨터 시스템 기술과 연결되어 하나의 문헌으로 나타났다.

이 기술은 단순히 사용자를 인식하고 도어를 개방하는 기술을 넘어서, 사용자가 들고 있는 물체를 인식하고 물체를 저장하기 위한 최적의 위치를 판단하여 해당 위치의 도어를 개방하는 기술에 관한 것이다. 즉, 윙 개폐와 계산모델 컴퓨터 시스템의 융합 기술을 통해 딥러닝 학습을 기반으로 도어 자동 개폐 기술이 최근 새롭게 등장한 것을 알 수 있다.

기존에는 사용자가 양손에 물체를 들고 있을 경우, 냉장고 도어를 개폐하기 어려운 문제가 있었다. 이를 해결하고자 냉장고에 센서를 포함하여, 사용자의 일정 제스처를 인식하고 자동으로 도어를 개방하는 기술이 연구개발되었다. 그러나 이런 기존 방식은 사용자의 제스처를 인식하여, 냉장고 도어 전체를 여는 기술이었다.

반면에 도출된 신융합기술은 냉장고에 보관하려고 하는 물품을 인식하고, 인식된 물품에 기초하여 도어를 자동으로 개방하는 기술이다. 이를 바탕으로 사용자의 편의성을 한층 높일 수 있으며, 이에 따라 기존 냉장고의 다른 기술요소와의 연결을 신융합 기술 발전으로 이룰 수 있을거라 가능하다고 예측할 수 있다.

본 기술은 가전제품의 냉장고에 한정된 분야에서 사용되는 것을 소개하였으나, 최근 다양한 분야에서 윙 개폐 기술과 계산모델 컴퓨터 시스템 기술이 연결된 신융합기술을 사용하는 것을 확인할 수 있었다.

[New Tech 4] 도어 힌지(E05D) + 인덕턴스(H01F): 자기 충전 시스템을 이용한 디스플레이 기반 정보 제공 기술

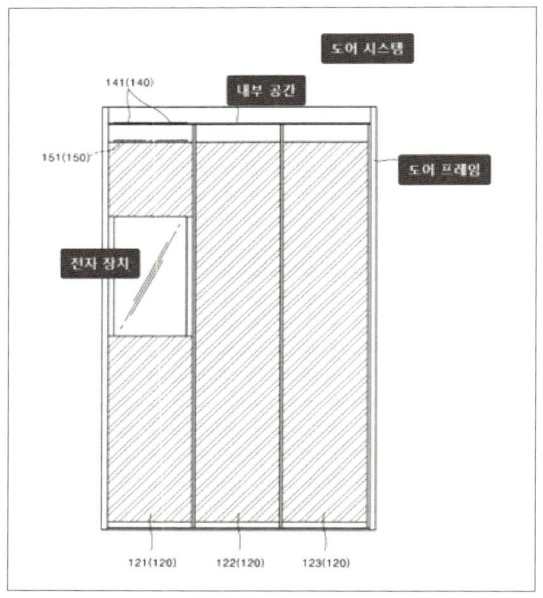

[그림 97] KR 2021-0149353 A(LG전자 주식회사)

본 기술은 가전제품 신융합기술 중 하나이다. 2020년 처음으로 도어 힌지와 인덕턴스 기술이 연결된 하나의 문헌이 확인되었다.

이 기술은 도어 스스로 자기 충전이 가능하도록 만든 기술이다. 이는 일반적으로 사용되는 도어 힌지 기술과 솔레노이드 충전 기술이 융합되면서 새로운 융합기술로 발전된 것을 알 수 있다. 이를 통

해, 기존 도어의 전자제품을 구동하기 위해 설치되었던 전선이나, 두꺼운 배터리를 제거함으로써 전자 제품을 포함하는 도어가 보다 얇게 제조될 것을 예측할 수 있다. 즉, 도어 힌지와 인덕턴스의 융합 기술을 통해 자기 충전 시스템을 이용한 디스플레이 기반 정보 제공 기술이 새롭게 등장한 것을 알 수 있다.

본 기술은 솔레노이드 방식의 무선 충전 기술을 도어 힌지에 적용시킴으로써 도어에 설치되는 각종 전자 장치에 구동 전력을 제공하는 기술이다. 이를 통해, 기존 도어에 구비된 전자 장치를 구동하기 위해 배치되던 전선이나, 두꺼운 배터리는 사라지고 소용량 배터리를 구비하거나 없애는 방식으로 기술이 발전하고 있는 것을 알 수 있다.

중문이라면 실내 공간의 온도를 유지시키고, 외부에서 발생되는 소음을 차단하며, 미세먼지 등의 이물질이 실내 공간에 유입되는 것을 방지하는 도어 중 하나이다. 기존 중문은 단순히 현관 공간과 실내 공간을 분리하는 도어 정도로 공간을 분리하는 기능만을 수행하고 있었으며, 특정 정보를 제공하는 장치와는 거리가 있었다.

그러나 도출된 신융합기술은 중문에 디스플레이를 설치하고, 솔레노이드 방식의 무선 충전 기술을 이용하여, 사용자에게 정보를 제공하는 기술이다. 이를 바탕으로 도어가 설치된 다양한 곳에 해당 기술이 사용되면서 용도에 따라 디스플레이에 정보를 제공하는 기술로 발전할 것을 예측할 수 있다.

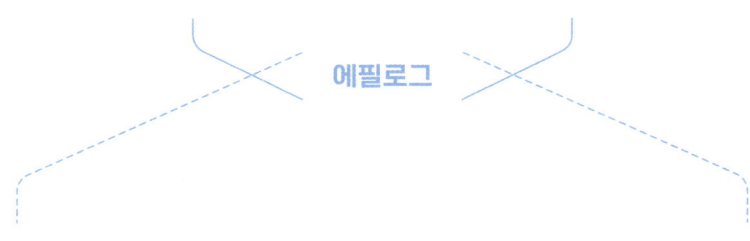
에필로그

특허 빅데이터로 세상을 볼 수 있는 키를 찾자

축구라는 스포츠는 90분이라는 시간 동안 경기에서 상대의 골대에 골을 더 많이 넣는 팀이 이기는 매우 심플한 스포츠다. 이러한 축구에는 "상대편 골대를 맞추는 팀이 경기에 진다."는 속설이 있다. 축구 골대를 맞춘다는 것은 90분이라는 시간 동안 찾아오는 골의 기회 중 골에 가장 가까운 기회를 놓치게 되는 것이며, 그 기회를 살리지 못했기 때문에 질 가능성이 높다는 의미로 해석될 수 있기 때문이다.

우리가 사는 사회도 이와 다르지 않다. 팀 내에서, 회사에서, 그리고 내가 몸담고 있는 비즈니스에서 우리는 성공이라는 목표를 이루기 위해 매일매일 더 좋은 찬스를 만들려 노력하고 있다.

비즈니스에서 성공하는 사람들은 모두 열심히 노력하는 사람들이다. 하지만 노력하는 사람들이 모두 성공하는 것은 아니다. 성공하는 사람들의 특징을 살펴보면, 노력과 더불어 자신만의 무기를 갈고닦은, 상위 1%의 전문가들이라는 것을 우리는 쉽게 알 수 있다.

 필자는 이 책을 쓰기까지 수년간 특허 빅데이터 분석을 연구했고, 고민했으며, 다양한 프로젝트들을 수행했다. 그리고 특허 빅데이터를 활용한다면 비즈니스에서 엄청난 파급력을 가져올 수 있는 인사이트를 도출할 수 있음을 알았다. 이 책에서는 매우 간단하고 쉬운 예시들을 위주로 설명하고 있지만, 이 외에도 특정 산업, 특정 기술에 대한 세부적인 트렌드 분석 등 다양하고 복잡한 문제점들에 대해서도 많은 사람이 생각하지 못한 해결책을 특허 빅데이터는 알려줄 것이다.

 필자는 특허 빅데이터에는 세상을 볼 수 있는 키(key)가 있다고 믿고 있으며, 그 키는 특허 빅데이터 분석을 통해 찾을 수 있다고 생각한다. 그리고 키를 찾아내기 위해서는 자물쇠에 대한 명확한 정의가 먼저 이루어져야만 가능하다는 것을 알고 있다.

여러분들의 위치에서, 여러분들이 고민하고 있는 비즈니스적인 문제점, 기술적인 문제점들을 정의하자. 그리고 정의된 문제점에 꼭 맞는 키를 특허 빅데이터 분석을 통해 찾아보자.

특허 빅데이터를 제대로 활용한다면, 여러분은 반드시 상위 1%의 전문가가 될 것이라고 생각한다.

Memo

참고 자료

1. Seth Godin, "린치핀", 윤영삼, 라이스메이커(2023), 15p, 112p, 175p
2. DOMO, "DATA NEVER SLEEPS 10.0, 2022"
3. World Intellectual Property Organization, "World Intellectual Property Indicators 2022", 9p
4. 한국데이터산업진흥원, "2022 데이터산업백서 통권25호", 7p
5. Sarah Frazier, "5 Tips for Turning Your Marketing Data into Actionable Insights" , <PERKUTO>
6. World Intellectual Property Organization, "World Intellectual Property Indicators 2022", 12p
7. James Manyika & Michael Chui, "Big data: The next frontier for innovation, competition, and productivity", McKinsey Global Institute, 2011년 5월, 1p
8. John Gantz & David Reinsel, "Extracting Value from Chaos", IDC IVIEW June, 2011, 6p
9. tocialist, "전설의 스티브 잡스 프레젠테이션- 세상을 바꾼 1세대 아이폰 2007년 공개 중요 부분 요약 [자체 한글자막]", youtube, 2017.4.15.

10. ㈜에어스, "UX기반 기업 맞춤형 IP 분석 DB 구축 지원 서비스 개발", 대한민국, 2014.08, 49p

11. 이은조, "네트워크 분석 기법을 활용한 게임 데이터 분석", R User Conference in Korea 2018, 2018.10.26. ,4p

12. 박병우, "네이버 VS 카카오 플랫폼 황제 대전...5개 분야 전선에서 맞대결", 주간한국, 2021.06.25

13. 류준영, "빅데이터는 안다..."카카오 곧 '애견이송서비스' 선보인다"", 머니투데이, 2021.10.07

14. 키워트, "카카오의 10년, 특허로 살펴본 성장동력 기술과 앞으로의 신사업 분야는?", 키워트블로그, 2020.21.07.15

15. 카카오T펫 서비스, "https://service.kakaomobility.com/pet/landing"

16. 명순영, 김경민, "대한민국은 카카오제국 | '라이언' 뜨면 비즈니스 '술술' 무한 영토 확장…계열사 97곳", 매경ECONOMY, 2020.07.30

17. 카카오 2021년 1분기 사업보고서

18. 네이버 2020년 사업보고서

19. 윤지혜, ""지갑 대신 카톡" 카카오, 새해 성장동력은 '디지털카드'", 머니투데이, 2023.01.05

20. 애플 에어태그 상품소개, "https://www.apple.com/kr/"

21. 도니스타크, "삼성의 갤럭시 스마트태그 제품 출시에 대하여...", 도니스타크 블로그, 2021.01.19

감사의 말

　마음속으로만 간직했던 책 출간의 소원을 달성할 수 있도록 도와주신 윤정호 대표님에게 먼저 감사드립니다. 그리고, IP 빅데이터 분석팀원들 (최덕형, 이상범, 유병관) 덕분에 새로운 발자취를 함께 만들어 나갈 수 있었던 것 같습니다. 또한, 항상 응원해 주고 격려해주는 와이프 김수지와 언제나 열심히 하는 우리 딸 송유하에게도 이 자리를 빌어서 사랑하고 고마운 말씀을 전합니다. 이 책을 읽으시는 많은 분들이 비즈니스 전략 수립과 의사 결정을 위해 특허 데이터의 중요성과 IP 빅데이터 분석의 필요성을 인지하시고 활용하시는 계기가 되기를 바라겠습니다.

송완감

　펜을 놓고 돌이켜보니, 긴장된 마음으로 처음 분석 결과를 공개했던 다소 투박한 블로그 게시글이 떠오릅니다. 워트인텔리전스 구성원들의 아낌없는 도움이 없었다면, 현재와 같은 완성형의 특허 빅데이터 분석은 불가능했을 것입니다. 제가 받은 도움을 책을 읽으시는 많은 분께 나눔으로써, 여러분들의 커리어 성장에 함께하겠습니다. 마지막으로, 늘 옆에서 한결같이 응원해 주는 아내 송지연에게도 감사인사를 전합니다.

최덕형

이 책에 소개한 특허 빅데이터 분석 방법론과 사례는, 지난 수년간 특허 데이터의 잠재력과 가능성을 믿고 함께 밤낮으로 연구개발에 매진해 준 워트인텔리전스의 IP 빅데이터팀 멤버들과, 늘 양질의 데이터를 딜리버리하고 파이프라인 시스템을 체계적으로 구축-관리해 주는 CTO님을 비롯한 데이터 엔지니어 멤버들의 고민과 역량으로 탄생하였기에, 고마운 마음을 전합니다. 이 책을 통하여, 기술과 비즈니스의 방향성을 고민하는 모든 분이 글로벌 시장에서 점차 확산하고 있는 특허 빅데이터를 나만의 무기로 장착하실 수 있기를 바랍니다. 마지막으로, 특허 빅데이터의 영감과 도전을 함께 시작하고 늘 도와주는 워트인텔리전스 COO님께도 감사의 인사를 전합니다.

윤정호

상위 1%의 커리어 비밀노트
특허 빅데이터
거대한 기술의 흐름을 비즈니스로 풀어내는 단 하나의 방법

출간일 | 2023년 5월 31일 | 1판 1쇄

지은이 | 송완감·최덕형·윤정호
펴낸이 | 김범준
기획/책임편집 | 유명한·권소정
교정교열 | 오상욱
편집디자인 | 한지혜
표지디자인 | 강경선

발행처 | (주)비제이퍼블릭
출판신고 | 2009년 05월 01일 제300-2009-38호
주소 | 서울시 중구 청계천로 100 시그니쳐타워 서관 9층 949호
주문/문의 | 02-739-0739   **팩스** | 02-6442-0739
홈페이지 | http://bjpublic.co.kr   **이메일** | bjpublic@bjpublic.co.kr

가격 | 18,000원
ISBN | 979-11-6592-210-8

한국어판 © 2023 (주)비제이퍼블릭

이 책은 저작권법에 따라 보호받는 저작물이므로 무단 전재와 무단 복제를 금지하며,
내용의 전부 또는 일부를 이용하려면 반드시 저작권자와 (주)비제이퍼블릭의 서면 동의를 받아야 합니다.
잘못된 책은 구입하신 서점에서 교환해드립니다.